세상을 향한 그리스도인의

소금맛 나는
소통

세상을 향한 그리스도인의

오정현 지음

소금맛 나는

소통

Communication *with Jesus*

국제제자훈련원

우리는 복음의 '소통'을 열어야 합니다

복음의 본질은 소통입니다. 십자가의 본질은 소통입니다. 죄의 담으로 막힌 하나님과 인간 사이를 소통할 수 있게 해준 것이 십자가입니다. 하나님이신 예수님이 이 땅에 성육신 하신 것은 사람들과 복음으로 소통하기 위해서였습니다. 불통인 이 시대의 동맥경화증을 치료하는 길은 진정한 소통에 있습니다.

모든 소통이 좋은 것은 아닙니다. 선한 소통에는 생각이 왕래할수록 마음이 고양되고, 인격이 깊어지며, 자신을 넘어설 뿐만 아니라 주변 사람들까지 기품 있게 만들고, 적극적으로는 생명을 건져내는 은혜가 있습니다. 반면에 대화가 오갈수록 자신들 속에만 갇혀 감정을 격하게 만들고 그 너머에 대해서는 적대감을 일으키는 해로운 소통도 있습니다.

이 책은 말과 정보의 홍수 속에 있는 우리에게 말씀의 검안기로 말의 진위를 살펴 우리 가운데 복음의 선한 소통을 충만하게 하는 데 목적을 두고 있습니다.

목구멍에서 허파까지 이어진 통로를 숨통이라고 합니다. 숨통이 막히거나 끊어지면 사람은 죽습니다. 예수님과의 소통도 마찬가지입니다. 예수님과의 소통이 끊어지면 우리의 영은 죽습니다. 예수님과의 소통이 막히면 관계가 단절되고, 관계가 단절되면 우리는 죽은 것 아닙니까? 반대로 예수님과의 소통이 열리면 관계가 회복되고 우리는 삽니다. 저는 이 책이 예수님과의 소통을 뚫어주고 그래서 우리의 숨통을 열어 줬으면 좋겠습니다. 복음으로, 진리로, 예수님으로 숨 쉬는 소통이 뚫려서 냄새나고 해로운 말들이 난무하는 이 숨 막히는 세상에서 사람을 살리는 진정한 숨통이 열리기를 바랍니다.

세상의 소통은 그럴듯한 겉모습을 벗기면 이기적인 의도가 그 밑바닥에 숨겨져 있는 경우가 적지 않습니다. 자신의 목적을 위해 상대방을 흥분시키고 도발할 뿐이요, 실상은 소통이 아닌 일방통행에 지나지 않습니다. 하지만 복음은 진정으로 모든 인간을 위한 것입니다. 그러므로 이 시대의 불통을 치료하는 길은 복음적 소통, 십자가의 소통에 있다고 말할 수 있습니다.

그럼에도 지금 세상 사람들은 한국 교회와 성도가 세상과의 소통에서 실패하고 있다고 말합니다. 왜요? 세상이 기독교에 원하는 소통은 성경과 소통하는 교회요, 그리스도인입니다. 성경과 소통한다는 것은 성경 말씀처럼 그리스도인들이 세상의 빛과 소금으로 살면서 말이 아닌 삶으로 세상과 소통하는 것을 의미합니다. 세상은 교회에 대해서 험한 말을 하지만, 그 속내를 들여다보면 이 답답하고 냄새나는 세상을 기독교가, 교회가, 그리스인들이 빛과 소금의 역할을 통해서 살맛나는 세상으로 변화시켜 주기를 원하고 있는 것입니다.

20세기 초에 1퍼센트도 안 되는 크리스천이 한국 사회를 이끌었던 것이야말로 세상이 원하는 진정한 소통의 의미를 보여 주는 예입니다. 성경의 눈높이로 세상을 이끌어주는 것, 그것이 진정 세상이 교회에 원하는 소통이라고 할 수 있습니다.

이를 위해 우리 크리스천은 어떻게 해야 할까요?

> "거기에는 헬라인이나 유대인이나 할례파나 무할례파나 야만인이나 스구디아인이나 종이나 자유인이 차별이 있을 수 없나니 오직 그리스도는 만유시요 만유 안에 계시니라"_ 골 3:11

그리스도인은 새 사람을 입고, 하나님이 창조하신 형상을 따라 지식에까지 새롭게 되었기에 어느 누구와도 소통할 수 있습니다. 인간적인 능력과 생각으로는 자신을 무시하고, 자신을 소외시키고, 자신을 이용하는 사람들과 소통할 수 없습니다. 그러나 우리는 만유의 주이신 예수님으로 말미암아 새 사람이 되었고, 그렇기에 이전과는 다른 새로운 영적인 방식으로 사람들과 관계를 맺고 소통할 수 있습니다. 이것이 골로새서 3장 11절의 핵심입니다. 소통을 가로막는 가장 큰 문제는 내가 저보다 낫다는 우월의식, 혹은 내가 저보다 못하다는 열등의식과 같은 차별의식인데 예수 그리스도 안에서 새 사람이 된 그리스도인에게는 그런 차별의식이 뿌리내릴 수 없습니다.

이미 예수님은 세상에서의 소통이 어떠해야 함을 우리에게 보여 주셨습니다. 예수님은 모든 사람이 외면하였던 사마리아 여인과의 대화를 통해서 사람을 살리는 소통의 진면목을 드러내셨습니다. 또한 선한 사마리아인의 비유를 통해서 인종과 관습과 사회 규범의 담을 헐고, 벽을 넘어서는 소통이 어떠해야 하는지를 말씀하셨습니다.

지역과 계층과 세대의 단절 때문에 누구나 소통을 부르짖지만, 자기 희생 없는 독단주의, 이기주의로는 불통의 벽을 높일 뿐입니다. 자기 죽음, 자기 부인의 십자가를 따르는 희생적 소통만이 이 불통의 세상을 선한 소통으로 숨 쉬게 할 수 있습니다.

아무쪼록 이 책을 읽는 모든 분이 세상을 포용하는 그리스도인으로 소금맛 나는 소통의 고속도로를 놓아 세상을 훤히 밝히는 빛이 되었으면 좋겠습니다.

2012년 4월 부활절 아침에,
복음으로 세상과 소통하고 싶은
오정현

차례

1부

복음은
소통을 따라
흘러간다

거룩한 소통의 절정

최근 한 신문에서 이런 기사를 보았습니다.

"소니의 몰락, 내부의 적 있었다."

'소니에 내부의 적이 있어?' 당장에 호기심이 돌았습니다. 이 기사는 평판학의 대가 '로사 전'Chun 스위스 국제경영개발연구원IMD 경영대학원 교수가 〈위클리비즈〉Weekly BIZ와 가진 인터뷰 내용을 담은 것이었습니다. 로사 전은 "영국 등 63개 기업의 소비자와 종업원을 상대로 조사를 해보면, 직원 내부의 평판이 소비자 평판보다 좋은 기업이 매출 성장세가 높은 것으로 나타났다"고 말했습니다. 반면 직원 내부 평판은 형편없는데, 소비자 평판이 좋은 기업은 대부분 매출 하락으로 이어진다고 덧붙였습니다. 직원들의 낮은 자긍심과 빈약한 자신감이 소비자들에게 전달돼 매출 하락으로 이어진다는 것입니다. 그 예로 소니의 몰락을 들었습니다.

"2005년, 소니의 내부 평판과 외부 평판을 비교해 본 적이 있습니다. 이상하게 외부 소비자가 매긴 평판에 비해 내부 평판 결과가 형편없이 나쁘게 나왔습니다. 소니 임원들의 회사에 대한 자부심이 크게 떨어지게 나타난 거지요. 그땐 의외라고 봤는데, 이후 소니는 삼성에 추월당했습니다. 소니의 추락 원인은 비전을 직원들과 공유하지 못했기 때문입니다. 이에 반해 삼성은 종업원들과 일치단결한 열정으로 소니와 경쟁했습니다."

그러면서 그가 말하는 평판에 영향을 미치는 요소로 선善·agreeable-ness, 흥興·enterprise, 격格·chic, 능能·competence, 권權·ruthlessness, 이렇게 다섯 가지를 들었습니다. 그중 권은 나쁜 의미이며, 나머지 선·흥·격·능은 좋은 평판이라고 말했습니다.

이 다섯 가지에 대해서 더 이야기하고 싶지만 제 눈에 밟힌 것은 '공유'라는 말이었습니다. '공유하지 못했다'는 말은 소통하지 못했다는 말입니다. 1980년대 '워크맨'이라는 신화를 만들며 세계적인 기업으로 성장한 소니가 기업 내부에서 소통의 부재로 몰락의 길을 걷게 되었다는 것이 내 마음을 때렸습니다.

이 기사를 읽으면서 한국 교회가 퍼뜩 떠올랐습니다. 지금 한국 교회가 내부 성도들로부터 좋은 평판을 받지 못하고 있는 것은 아닌가, 그래서 소니가 걸은 길을 교회도 걷기 시작한 것은 아닌가 하는 걱정이 올라왔습니다. 그렇지 않아도 교회는 지금 세상으로부터 많은 공격을 받고 있습니다. 방송이든 사이버 상에서든 이런 공격들을 어렵지 않게 접할 수 있습니다. 우리 교회가 내부의 불평뿐 아니라 세상 사람들의 외면에 직면해 있다는 생각이 저를 불편하게 했습니다. 이것이야 말로 소통의 부재가 아닌가 생각이 들었습니다. 평신도가 목회자를 신뢰하지 않고, 목회자는 변하지 않는 성도 때문에 불만이 쌓이는, 소통의 부재 말입니다. 그래서 작금에는 수많은 자정의 목소리가 나오고 교회의 성장이 정체되고 있다는 이야기가 흉흉한 소문처럼 퍼져나가는 게 아닌가 생각합니다.

희망의 출발점

저는 이런 한국 교회가 직면한 현실에 새로운 희망의 출발점으로 골로새서를 선택했습니다. 세상에 퍼지는 거짓 소문을 잠재우고 소통을 통해 퍼져나가는 복음의 능력을 드러내려고 합니다. 기독교의 복음은 그 태생이 거룩한 소통입니다. 신으로서 인간 속으로 오신 예수님의 성육신은 거룩한 소통의 절정이라고 할 수 있습니다. 이웃과 사회와 소통하지 않는 복음은 이미 맛을 잃은 소금일 뿐입니다. 저는 이 골로새서를 통해 소금맛 나는 소통, 맛있는 복음을 전하려고 합니다.

골로새서 1장에서는 바울이 복음을 전하지 않은 지역 골로새에 복음이 전파된 것을 감사하고 있습니다. 그리고 후반부에서 이를 위해 애쓴 자신의 수고도 이야기합니다. 이 1부에서는 복음이 어떻게 흘러갔는지를 이야기하려고 합니다. 복음은 저절로 전해지는 것이 아닙니다. 그리스도인의 소통의 결과입니다. 세상 사람들과의 소통, 복음은 그런 소통을 통해 들어갑니다.

한국에도 이런 소통의 기도가 있었습니다. 120여 년 전, 이 땅을 놓고 언더우드가 했던 기도입니다. 그 기도에는 "보이는 것은 고집스럽게 얼룩진 어두움뿐이요. …… 지금은 예배드릴 예배당도 없고 학교도 없고, 그저 경계의 눈과 의심과 멸시와 천대가 가득한 곳이지만 이곳이 머지않아 은총의 땅이 되리라는 것을 믿습니다"라는 표현이 있습니다. 이 기도문은 복음적 소통의 진정한 능력과 미래를 보여 줍니다. 얼룩진 어둠의 땅을 은총의 땅으로 바꾸는 비결은 거룩한 복음의 소통에 있다는 것입니다. 그늘진 가정을 스위트 홈으로, 냉소로 만연한 사회를 생수의 강이 넘실대는 진정한 영적 상전벽해를 이루는 것은 바로 복음의 소통에 있다는 말입니다. 언더우드는 120년 전 이것을 보았습니다.

그가 이 땅에 들어와 사역할 때는 19세기 말로 열강의 각축장이되어 버린 조선은 내일의 소망을 기약할 수 없는 형편이었습니다. 그때를 한번 상상해 보십시오. 그런 상황에서 언더우드 선교사는 이 기도를 드렸고, 그의 기도는 예수님과 소통되고 이 땅 조선의 백성과 소통되어서 지금에 이르러서는 5만여 교회가 세워지고 수많은 사람들이 예배드리고 있습니다. 그가 드린 믿음의 기도가 이루어진 은총의 현장이 아닐 수 없습니다.

언더우드의 기도문은 우리 삶의 현장에서도 그대로 통하는 기도가 될 수 있습니다. 여러분의 인생이 지금 나무 한 그루 자랄 수 없고 메마른 땅, 황량한 광야처럼 눈앞에 펼쳐진다 할지라도, 믿음 안에서 소망한다면 멀지 않아 그 척박한 땅이 은총의 땅으로 바뀔 것입니다. 그리고 이 은총이 그리스도인들을 통해 세상으로 전해질 것입니다.

소통했는데 저주, 험담, 고자질, 이간질이 흘러간다면 어떻게 되겠습니까? 지금부터 우리가 소통을 통해 무엇을 흘려보내야 할지 알아보겠습니다.

하늘에 쌓아 둔 소망

골로새서 1장 5절은 이렇게 기록하고 있습니다.

"너희를 위하여 하늘에 쌓아 둔 소망으로 말미암음이니."

우리는 '예수 그리스도가 이 시대의 유일한 소망'이라고 자주 말합니다. 이는 '너희를 위하여 하늘에 쌓아 둔 소망'이라는 말과 연결되어 있습니다. 특히 '하늘에 쌓아 둔'이라는 말을 헬라어 원문으로 보면 단수가 아니라 복수로 표현된 것을 알 수 있습니다. 즉 '하늘들에 쌓아 둔'이라고 되어 있습니다.

하늘에 쌓아 둔 소망이 무엇일까요? 앞으로 영원한 세계, 지금 죽어도 하늘나라에 갈 수 있는 기쁨, 죽음 이후의 은혜 등을 확신하기에 지금 죽어도 좋다는 것입니다. 그런데 더욱 귀한 것은 '하늘들'이라고 했기 때문에 이 말씀을 믿고, 확신하고, 예수 그리스도가 내 삶의 원칙이요 해답인 것을 확증하고, 주님 앞에 마음을 드리는 자마다 하늘에 대한 소망뿐 아니라 이 시대의 삶에서도 당장 누릴 수 있는 현실적인 소망이 된다는 사실입니다.

7절을 보면 에바브라라는 사람이 등장합니다. 바울의 동역자로 골로새 교회를 세우고 그곳에서 사역하던 그는 그곳의 형편과 처지를 바울에게 보고했습니다. 그 보고를 들은 바울은 아버지께 감사한다고 말했습니다. 4절에 그 이유가 나와 있습니다.

"이는 그리스도 예수 안에 너희의 믿음과 모든 성도에 대한 사랑을 들었음이요."

한글 성경에는 분명하게 나와 있지 않지만 헬라어 원문이나 영어 성경을 보면 이 믿음과 사랑이 어디에서 비롯되었는지 명확하게 알 수 있습니다. 그것은 바로 '하늘에 쌓아 둔 소망'입니다. 바꾸어 말하면 믿음과 사랑은 하늘에 쌓아 둔 소망을 통하여 나타난다는 것입니다. 하늘에 쌓아 둔 소망에서 믿음과 사랑이 나왔고, 하늘에 쌓아 둔 소망이 근저를 이루어서 믿음과 사랑이라는 열매를 맺는다는 얘깁니다. 우리가 '하늘에 쌓아 둔 소망'에 주목해야 하는 이유가 바로 이것입니다. 그리고 바로 이것이 세상으로 흘러가야 합니다.

흔히 이런 얘기를 합니다. "음식을 먹지 않으면 한 달 정도는 살수 있습니다. 물을 먹지 않으면 일주일 정도는 살 수 있습니다. 공기를 마시지 않으면 일이 분 정도 살 수 있습니다." 하지만 그것은 육체에 대한 이야기고, 우리는 영적인 존재이기 때문에 우리의 영혼은 소망이 없으면 단 한순간도 살아갈 수 없습니다. 소망이라는 것은 우리의 영혼에 산소와도 같기 때문입니다. 영적인 산소가 공급되지 않으면 어떤 일이 벌어집니까? 육체적으로는 아무 문제가 없을지 몰라도 영혼은 죽은 것과 마찬가지입니다.

소망은 우리 영혼의 산소입니다. 소망은 과로로 지칠 때 신선한 에너지를 공급해 줍니다. 불행의 어두운 터널에 갇힐 때 저 끝에서 비치는 한줄기 빛이 되어 줍니다. 포기하고 싶은 유혹을 느낄 때 다시 일어날 수 있는 용기를 줍니다. 따라서 마귀의 가장 큰 계략은 우리의 소망을 앗아가는 것입니다. 모든 일을 대할 때 '지금 당장 유익이 있느냐 없느냐'를 판단 기준으로 삼게 만들어 온통 눈앞의 이익에만 급급하게 만듭니다. 불통의 유혹에 빠뜨립니다.

하지만 기억하십시오. 아무리 각박하고 메마른 상황에 처해 있다 하더라도 소망의 끈을 놓지 않으면 다시 일어날 수 있습니다. 이 소망은 우리만이 아니라 다른 사람도 누려야 할 것이고 우리를 통해 흘러가야 할 것입니다.

복음은 소통을 따라 흘러간다

그러나 이 하늘의 소망은 거저 우리의 것이 되지 않습니다. 그렇다면 어떻게 이 하늘에 쌓아 둔 소망을 우리의 삶으로 가져올 수 있을까요? 5절 후반부에 그 답이 나와 있습니다.

"곧 너희가 전에 복음 진리의 말씀을 들은 것이라."

하늘의 소망이 구체적으로 우리의 것이 되기 위해서는 복음 진리의 말씀과 연결되어야 합니다. 결국 하늘에 쌓아 둔 소망은 복음으로 귀결됩니다. 즉, 우리가 흘려보내야 할 것이 복음이라는 것입니다. 그리고 이 복음이 우리의 것이 되어야 한다는 말입니다.

그런데 복음이면 복음, 진리면 진리지 왜 하필 '복음 진리'일까요? 복음도 변질되고 훼손될 수 있기 때문입니다. 당시 골로새에는 양대 커뮤니티가 있었습니다. 이 지역은 BC 500년 전부터 존재했습니다. 골로새는 에베소에서 동쪽으로 160킬로미터 정도 떨어져 있는데 히에라볼리, 라오디게아와 삼각형을 이루고 있었습니다. 그곳에 유대인들이 5만 명이나 살았고, 그 정도의 이방인들도 거주했습니다. 상황이 이렇다 보니 로마의 이교 문화와 유대교의 잘못된 율법주의가 팽배한 나머지 복음이 변질된 것입니다.

갈라디아서 1장 7절에는 "어떤 사람들이 너희를 교란하여 그리스도의 복음을 변하게 하려 함이라"는 말씀이 있고 로마서에서도 "그들이 다 복음을 순종하지 아니하였도다"10:16라고 말씀했습니다. 하나님의 복음을 변질시킬 뿐 아니라 복음에 순종하지 않으니까 바울이 골로새서에서 '복음 진리에 입각하라'고 말한 것입니다. 바울은 '복음 진리를 붙잡는 것', 이것을 하늘의 소망을 붙드는 방법으로 제시한 것입니다.

복음대로 살기

이를 위해 우리는 두 가지를 삶에 적용해야 합니다. 첫 번째는 복음대로 사는 것입니다. 복음 진리 가운데서 복음 진리에 입각해 복음대로 살려면 먼저 우리의 믿음이 복음적 믿음이 되어야 합니다.

믿음이란 무엇입니까? 믿는다는 것은 헬라어로 '피스테오'입니다. 이 말은 진실이라고 납득된 대상이 눈에 보이지 않아도 전적인 신뢰를 보낸다는 의미입니다. 눈에 보이지 않고 손에 잡히지 않아도 전적인 신뢰를 보낸다는 말입니다. "믿음은 바라는 것들의 실상이요 보이지 않는 것들의 증거"히 11:1입니다.

믿음으로 산 대표적인 인물로 노아를 들 수 있습니다. 하나님께서 어느 날 노아에게 지시하셨습니다.

"앞으로 홍수가 일어날 테니까 배를 만들어라."

여기에 노아의 믿음으로 사는 고민의 현장이 나타납니다. 그때까지 노아는 비를 본 적이 없습니다. 창세기를 연구해 보면 창조이후에 하나님께서는 사람들이 살기에 가장 알맞은 환경을 주셨습니다. 당연히 공해도 없었지요. 노아 시대 때만 하더라도 사람들은 평균 구백 살을 살았습니다.

그런 상황에서 120년 동안 비도 오지 않는 곳에서 배를 만든다는 것은 정신 나간 짓이었습니다. 이것이야말로 순수한 복음, 복음 진리, 하나님에 대한 전적인 신뢰 없이는 불가능한 일이었습니다. 믿음이 변질된 사람은 결코 할 수 없는 일이었습니다. 노아는 보이지 않는 것을 보는 것같이 하면서 참았습니다. 하늘에 쌓아 둔 소망에 눈이 열린 사람들, 예수 그리스도가 유일한 소망이라고 외치는 사람들의 놀라운 특징 중 하나가 바로 이것입니다. 눈에 보이지 않더라도 신앙으로 보는 것입니다. 장차 나타날 영광을 위하여 현재의 고난을 감내할 힘을 갖는 것입니다.

노아의 이런 마음은 모세에게 전달되었습니다.

> "믿음으로 모세는 장성하여 바로의 공주의 아들이라 칭함 받기를 거절하고 도리어 하나님의 백성과 함께 고난 받기를 잠시 죄악의 낙을 누리는 것보다 더 좋아하고"_ 히 11:24-25

바로 공주의 아들도 바로 수준의 권세를 누렸습니다. 그때 바로는 세상의 모든 것을 다 가진 사람이었습니다. 그런 자리를 모세는 믿음으로 'No' 했습니다. 지금 가질 수 있는 즐거움과 영광을 움켜쥐는 대신에 기꺼이 미래를 위해 현재의 순간을 희생한 것이지요. 모세는 아마 이렇게 외쳤을 것입니다.

"나는 순간에 연연하지 않는다. 나의 관심은 지금이 아니라 영원이다!"

이것이 잠시 잠깐에 사로잡히는 인생이 아니라 하늘에 소망을 둔 사람이 가지는 삶의 양식입니다. 이것은 우리의 본성을 거스르는 것입니다. 익숙하지 않고 비정상처럼 느껴지기도 합니다. 우리는 본능적으로 현재를 즐기고 싶어 하기 때문입니다. 그러나 하늘에 소망을 둔 사람은 할 수 있습니다. 어린아이일수록 현재의 것에 집착합니다. 성숙할수록 미래를 위해 현재를 희생하고, 미성숙할수록 현재를 위해 미래를 희생합니다. 마시멜로 이야기를 우리는 잘 알고 있지 않습니까? 복음 진리에 입각한 사람들은 순수한 믿음의 실천을 할 수 있습니다.

복음 전도자로 살기

두 번째는 복음을 전하는 삶입니다. 골로새서 1장 6절입니다.

"이 복음이 이미 너희에게 이르매 너희가 듣고 참으로 하나님의 은혜를 깨달은 날부터 너희 중에서와 같이 또한 온 천하에서도 열매를 맺어 자라는도다."

복음은 온 세계를 품는 것입니다. 온 천하에서 열매를 맺어 자란다고 했습니다. 바울은 이렇게 이야기합니다.

"이 복음 진리는 로마제국의 또 다른 어떤 신비한 종교가 아닙니다. 이 복음은 한 교파를 위한 것이 아닙니다. 이 복음은 세계를 위한 것입니다. 그것은 어디를 가든지 언제 어디서나 동일합니다. 그것은 소아시아 지역의 이교도들처럼 제한적인 것이 아닙니다. 그것은 전 세계를 위한 것입니다."

복음은 천하적인 것이고 온 세계적인 것입니다. 그래서 아프리카 오지에서 듣는 복음이나 중앙아시아에서 듣는 복음이나 한국의 설악산 꼭대기에서 듣는 복음이나 노르웨이의 한 시골에서 듣는 복음이나 다 똑같습니다. 그러나 이단은 대부분 지역적이고 국수적이고 민족지상주의적이며 독특한 문화를 갖고 있습니다. 복음은 결코 이런 것에 매이지 않습니다. 복음은 초문화적입니다. 복음은 전 세계적인 동시에 개인적인 것입니다. 그래서 복음은 세계 어디를 가도 소통이 됩니다. 막혀서, 이해할 수 없어서, 문화 때문에 받아들일 수 없다는 말이 통하지 않습니다. 그래서 이 복음이 깨달아진 사람, 하늘에 소망을 두고 장차 나타날 영광에 대해서 눈이 열린 사람은 자신과 전혀 상관없는 곳에 가서 자기의 인생과 땀을 다 바쳐 선교할 수 있는 것입니다.

마포구 합정동 양화진에 묻혀 있는 수많은 외국인 선교사들이 그러했습니다. 미국과 캐나다에서 얼마든지 호의호식할 수 있는 사람들인데도 불구하고 이 복음을 듣고 하늘에 쌓아 둔 소망에 눈이 열려서 자기 인생을 드린 것입니다. 1866년 대동강에서 순교한 토마스 목사님이 그랬고, 1890년 34세의 나이로 순교한 존 헤론 선교사가 그랬으며, 의료 선교사로 2대에 걸쳐 조선을 섬긴 윌리엄 제임스 홀과 로제타 홀, 그의 아들 셔우드 홀이 그랬습니다. 그들의 헌신과 열정과 사랑, 피와 눈물이 오늘날 세계 제2의 선교대국 한국을 만든 것입니다.

복음에 빚진 자로서 우리 역시 그 일에 앞장서고 있습니다. 중국 사람들은 가는 곳마다 중국집을 만듭니다. 일본 사람들은 가는 곳마다 가게를 세워 장사합니다. 그러나 한국 사람들은 가는 곳마다 교회를 세웁니다.

중앙아시아의 우즈베키스탄, 카자흐스탄, 키르기스스탄 등지에 가 보십시오. 그들의 꿈이 무엇인지 압니까? 한국계 건설회사가 지은 아파트에 살고, 한국에서 수입한 자동차를 타고, 한국 냉장고를 사용하고, 한국 DVD를 보는 것이 그들의 평생소원입니다. 우리나라는 미국이나 일본 등과 비교하면 아직은 부족함이 있지만 중앙아시아에서는 한국이 미국 대접을 받고 있습니다.

어떻게 된 일일까요? 우리가 잘 아는 대로 1937년 구소련 당시 스탈린의 독재 하에 연해주나 블라디보스토크에 살던 고려인들이 기차에 실려 중앙아시아에 동물처럼 내팽개쳐졌습니다. 그 가운데 복음을 들은 사람들과 30여 년 전에 한국 선교사 수백 명이 그곳에 들어가 활동하게 됐는데 그분들이 복음의 빛을 비춘 결과입니다. 지금도 김삼성 목사님은 카자흐스탄에서 현지인 6,000여 명에게 복음을 전하고 있습니다. 복음 진리가 온 천하에서 열매를 맺어 자라는 현장인 것입니다.

복음은 이렇게 사람과 사람 사이의 소통을 따라 흘러갑니다. 언더우드가 이 땅의 백성들과 소통했고, 바울이 에베소에서, 에바브라가 골로새에서, 김삼성 목사가 카자흐스탄에서 복음을 전했습니다. 그들은 만나는 사람마다 복음으로 소통했습니다. 그 소통의 통로로 복음이 흘러간 것입니다. 우리의 믿음이 그 복음 진리에 입각해야 합니다. 또한 복음 진리의 말씀이 소망의 근거임을 확신해야 할 것입니다. 예수 그리스도만이 우리 삶의 희망의 출발점이요 중심입니다. 그리고 그 복음이 우리의 소통을 따라 전 세계로 흘러갈 것입니다.

02

신령한 지혜로 사는 삶

지난 2010년, 기독교윤리실천운동이 한국 교회의 사회적 신뢰도를 조사해 발표했습니다. 그 결과를 보면 한국 교회를 신뢰한다고 응답한 사람은 17.6퍼센트인 반면 신뢰하지 않는다고 응답한 사람은 무려 48.4퍼센트나 됐습니다. 향후 한국 교회가 신뢰받기 위해 개선해야 할 점으로는 응답자의 38.8퍼센트가 교인과 교회 지도자들의 언행일치를 들었습니다.

또 2011년 12월에 발표된 미래목회포럼과 현대기독교역사연구소의 '한국의 종교 이동에 관한 연구' 결과에 따르면 한국 교회가 최근 몇 년 사이 성장을 이어가지 못하고 오히려 교인 감소 현상을 보이는 것으로 나타났습니다. 기독교의 타종교 이동률은 천주교나 불교보다 컸으나 유입률은 가장 낮은 것으로 조사되었습니다. 기독교에서 다른 종교로 바꾼 이유는 '맞지 않는 부분이 있어서'와 '믿던 종교에 대한 불신'이라는 응답 비율이 높았습니다.

그러면 정말 기독교가 믿을 수 없는 종교이고, 교회는 신뢰할 수 없는 사람들이 다니는 곳입니까? 무엇이 문제일까요? 지금 우리나라의 기독교는 타 종교에 비해 이 나라 이 사회에 훨씬 더 많은 헌신과 봉사를 펼치고 있습니다. 왼손이 하는 일을 오른손이 모르게 행하고 있습니다. 그런데도 왜 이런 불신을 받는 걸까요? 이것은 확실히 소통의 문제라고 생각합니다. 우리나라 사람 중 대다수는 기독교에 높은 수준의 도덕적 잣대를 대고 있습니다. 또 수많은 기기를 통해 조그만 소식도 금방 눈덩이처럼 커져 번개같이 번져가는 것을 봅니다.

이럴 때일수록 그리스도인들은 바른 소통을 해야 합니다. 소통의 내용도 하늘에 쌓은 소망, 복음이 되어야 할 것입니다. 이제 그 내용을 알았다면 어떻게 소통해야 할까요? 어떻게 해야 무너진 신뢰를 회복할 수 있을까요? 그것은 바로 언행일치言行一致일 것입니다. 크리스천의 신앙과 삶이 하나가 되어야 한다는 말입니다. 그렇게 신앙과 삶이 일치해야 소통의 고속도로가 뚫리게 될 것입니다.

신앙과 삶이 일치하는가

얼마 전에 배꼽을 잡는 이야기를 들었습니다. 예수님 믿기 전에 고스톱을 잘 치는 사람이 있었습니다. 소위 고스톱계의 거성이었죠.

그런 그가 예수를 믿고 나서 고스톱을 치려니 꺼림칙한 겁니다.

'예수를 믿기 전과 뭔가 달라져야 하는데 어떻게 하지?'

한참을 고민하던 그는 옳다구나 하고 무릎을 쳤어요. 고스톱을 치더라도 먼저 기도를 하고 치기로 한 것입니다. 여기까지만 해도 어이가 없는데 그 다음 말이 더 걸작이었어요. 고스톱을 치고 난 다음에는 함께 친 사람들을 모아 놓고 주기도문으로 마친다는 겁니다. 이야기를 들으면서 울어야 할지 웃어야 할지 몰랐습니다. 주위를 한번 둘러보세요. 아니, 자신을 한번 돌아보기 바랍니다.

'나는 과연 예수를 믿고 구원받은 이후에 삶의 변화가 있는가? 믿음대로 살고 있는가? 복음 진리의 말씀에 입각해 살고 있는가?'

우리의 신앙과 삶이 일치하지 않는 이유는 우리가 자라지 않기 때문입니다.

> "모든 선한 일에 열매를 맺게 하시며 하나님을 아는 것에 자라게 하시고"_골 1:10

골로새 교회를 향한 바울의 간절한 소원은 그들이 하나님을 아는 것에 자라는 것이었습니다. 이의 다른 표현이 9절 후반부에 나와 있습니다.

"하나님의 뜻을 아는 것으로 채우게 하시고."

'자란다'와 '채운다'는 같은 맥락으로 생각할 수 있습니다. 채운다는 말이 헬라어로 '플레로마'라는 데서 나온 것인데 단순히 채운다는 뜻이 아니라 지배받는다는 의미입니다. 예를 들어 컵에 우유가 잔뜩 들어 있으면 다른 것이 들어갈 틈이 없습니다. 컵은 우유의 지배를 받는 것입니다. 마찬가지로 영적으로 주님을 알고 성숙해지면 하나님을 아는 것의 지배를 받게 됩니다. 하나님을 아는 것에 자라게 되는 것이지요.

바로 이렇게 될 때 우리의 신앙과 삶이 일치하게 됩니다. 소통이 꼭 말로 하는 것이 아닙니다. 행동으로 실천으로 보여 주는 것도 소통입니다. 한국의 교회가 이 사회에 아무 말 안 해서 그런 대접을 받는 것입니까? 아닙니다. 그들에게 보여 준 우리의 모습이 그들이 기대하는 만큼이 아니어서 그렇게 된 것입니다. 우리가 하나님을 아는 것에서 자라야 합니다. 우리의 행동이, 실천이 변해야 합니다. 하나님의 신령한 지혜로 자라야 합니다.

신령한 지혜로 자라라

우리가 하나님 안에서 신령한 지혜로 잘 자라기 위해서는 세 단어에 주목해야 합니다. 먼저 10절의 하나님을 아는 지식입니다. 이것을 앞에서는 복음 진리라고도 하고 진리 지식이라고도 했습니다. 그리고 9절 중간의 신령한 지혜와 총명입니다. 하나님을 아는 지식, 신령한 지혜, 총명, 이 세 단어를 선순환적으로 잘 연결시키면 우리가 영적으로 성숙하게 자라는 데 큰 도움이 될 것입니다.

하나님을 아는 지식에 대해서는 앞에서 말했고, 지혜에 대해 알아봅시다. 지혜는 성경의 지식을 어떻게 삶에 적용할지를 깨닫는 것입니다. 쉽게 말하면 말씀을 통해 오늘 내가 어떻게 살 것인지, 삶의 원리를 이끌어 내는 현실적인 분별력이라고 할 수 있습니다. 야고보는 너희 중에 지혜와 총명이 있는 자라면 선행과 지혜의 온유함으로 행함을 보이라고 말했습니다약 3:13. 지혜는 반드시 현실에 접목되어야 합니다.

다음으로 총명입니다. 총명이란 분별한 것을 가지고 실제로 적용하는 것입니다. 요한일서 3장 16-18절 말씀을 가지고 실습해 봅시다.

"그가 우리를 위하여 목숨을 버리셨으니 우리가 이로써 사랑을 알고 우리도 형제들을 위하여 목숨을 버리는 것이 마땅하니라 누가 이 세상의 재물을 가지고 형제의 궁핍함을 보고도 도와줄 마음을 닫으면 하나님의 사랑이 어찌 그 속에 거하겠느냐 자녀들아 우리가 말과 혀로만 사랑하지 말고 행함과 진실함으로 하자."

여기서 보여 주는 하나님을 아는 지식은 하나님이 우리를 사랑하셔서 목숨을 버리셨다는 것입니다. 신령한 지혜는 우리도 그렇게 해야 한다는 것이고, 총명은 형제의 필요를 채워 주라는 것입니다.

나이 60이 넘은 안정된 집안의 어머니가 있었습니다. 그 사람은 예수를 믿었지만 늘 마음이 찌뿌듯하고 짐이 많았습니다. 그 집에 일주일에 한두 번씩 와서 집안일을 도와주는 가사도우미 아주머니가 있었습니다. 그 역시 크리스천이었는데, 그의 얼굴은 늘 밝고 환했습니다.

'가사도우미를 할 정도면 그리 평탄한 삶은 아닐 텐데 어떻게 저럴 수가 있지?'

주인아주머니는 이 아주머니를 볼 때마다 의아한 생각이 들었습니다. 아무리 생각해도 알 수가 없어서 어느 날 아주머니에게 물었지요.

"아주머니는 좋은 일이 많으신가 봐요. 늘 얼굴이 밝아요."

"성경을 읽기 때문이에요."

"나도 성경을 읽는데……."

"그것은 성경을 제대로 안 읽어서 그래요."

"왜 내가 성경을 제대로 안 읽는다고 하세요?"

주인아주머니는 발끈했습니다.

"성경을 보세요. 성경에는 환난 중에도 즐거워하라, 너희가 시험을 만나거든 오히려 기뻐하라고 나와 있잖아요. 저는 그 말씀을 그대로 믿고 실천하는 거예요."

"……."

주인아주머니는 부끄러워 얼굴을 들 수가 없었습니다.

이것이 바로 진리 지식과 신령한 지혜, 총명이 어우러진 삶입니다. 우리의 삶이 하나님의 뜻을 아는 지식과 이 시대를 분별하는 지혜와 그 분별력을 가지고 자신의 삶에 적용하는 총명이 균형을 이루어 더욱 성숙한 사람들이 되기를 소망합니다.

바로 이것으로 소통해야 해요. 가끔 거리에서 전도하는 분들을 보면 막무가내로, 무식하게 밀어붙이듯이, 이해할 수 없는 말들을 쏟으면서 소리 지르거나 혼내듯 하는 모습을 봅니다. 그것은 소통이 아니에요. 소통은 그런 모습으로 이뤄지지 않아요. 그러면 오히려 복음이 막힙니다. 흘러가지 못해요. 하나님을 아는 지식, 시대를 분별하는 지혜, 총명으로 무장할 때 소통의 고속도로가 열립니다. 말이 아닌 행함과 진실함을 보여 줄 때 그 고속도로를 통해 복음은 시속 100킬로미터, 200킬로미터의 속도로 전파됩니다.

그치지 않는 기도

그럼 이 균형 잡힌 성장, 신령한 지혜는 어디에서 오는 것일까요?

> "이로써 우리도 듣던 날부터 너희를 위하여 기도하기를 그치지 아니하고 구하노니"_골 1:9

지속적인 기도, 기도를 그치지 않는 것이 우리에게 신령한 지혜를 가져다줍니다. 바꾸어 말하면 신령한 지혜는 그치지 않는 기도로부터 시작된다는 것입니다.

신령한 지혜를 가졌던 대표적인 인물이 바울입니다. 바울이 골로새 교회 교우들을 위해 계속 기도한다는 것은 당시 그의 형편으로 볼 때 무척 어려운 일이었습니다. 그는 그때 로마 감옥에 있었기 때문이지요. 사람들의 감시를 받고 있었습니다. 또한 바울은 틈만 나면 병정들에게 복음을 전했습니다. 시간이 있으면 편지를 썼습니다. 그런 그가 언제 시간과 장소를 확보하여 무릎을 꿇고 계속해서 골로새 교회를 위해 기도할 수 있었겠습니까?

바울이 그치지 않고 기도했다는 것은 24시간 동안 아무것도 하지 않고 계속해서 골로새 교우만을 위해 기도했다는 뜻이 아닙니다. 그것은 그의 머릿속이 항상 하나님 의식으로 채워져 있었다는 뜻입니다. 늘 하나님이 보시는 관점으로 사태를 파악했다는 것입니다.

예를 들어 누가 교통사고 난 것을 보았다고 합시다. '저 사람 참 안 됐네' 하고 마는 게 일반적인 마음가짐이에요. 그러나 하나님의 관점으로 보는 사람은 '저 사람이 주님을 알았을까?' 하는 마음을 갖게 됩니다.

그렇게 하나님을 의식할 뿐만 아니라 성도들을 의식할 때 쉬지 않고 기도할 수 있습니다. 데살로니가전서 5장 17절에 "쉬지 말고 기도하라"고 했습니다. 바울은 골로새 교우들뿐 아니라 에베소 교우들을 위해서도 쉬지 않고 기도했습니다.

이것이 무슨 말입니까? 바울이 지금 에베소 교회뿐 아니라 골로새 교우들, 데살로니가 교우들을 위해서도 기도했다는 말입니다.

바울이 날마다 어느 한쪽만을 위해서 기도했다면 다른 쪽은 기도하지 못했을 것 아닙니까? 그럼에도 불구하고 너희를 위해 계속 기도했다는 것은 바울의 마음속에 에베소 교회와 골로새 교회, 데살로니가 교회가 자리 잡고 있었다는 것입니다. 즉, 바울은 늘 머릿속에 하나님을 의식하고 가슴속에 성도들을 품고 기도했다는 말입니다. 소위 기도의 생활화라고 말할 수 있습니다.

고통대학 그까짓 거 올 'A'

> "그의 영광의 힘을 따라 모든 능력으로 능하게 하시며 기쁨으로 모든 견딤과 오래 참음에 이르게 하시고"_11절

모든 것을 견디고 오래 참을 수 있도록 하나님께서 우리에게 능력과 기쁨을 주신다고 했습니다. 이것이 신령한 지혜의 핵심입니다.

신령한 지혜를 얻기 원합니까? 어려움과 고난이 닥쳐왔을 때 그것을 어떤 자세로 바라보고 어떤 자세로 맞이하는가에 따라 지혜자인지 아닌지가 판명됩니다. 우리는 아담의 자손으로, 예수님을 믿기 전 부패한 본성은 아무도 고통을 좋아하지 않습니다. 그런데 하나님께서 원하시는 신령한 지혜자는 반드시 고통과 고난이라는 터널을 통과해야 합니다. 하나님께서는 이상하게도 고난은 신령한 지혜를 얻는 도구라고 말씀하십니다.

바울을 보십시오. 고린도후서 1장 8-9절을 보면 "형제들아 우리가 아시아에서 당한 환난을 너희가 모르기를 원하지 아니하노니 힘에 겹도록 심한 고난을 당하여 살 소망까지 끊어지고 우리는 우리 자신이 사형선고를 받은 줄 알았으니 이는 우리로 자기를 의지하지 말고 오직 죽은 자를 다시 살리시는 하나님만 의지하게 하심이라"고 했습니다.

바울 같은 사람은 하나님이 보시기에 얼마나 예쁜 사람입니까? 날마다 업어주고 날마다 감싸줘도 모자랄 지경 아니겠어요? 그럼에도 불구하고 하나님이 얼마나 고통으로 몰아넣는지 마음에 사형선고를 받아 살 소망까지 끊어졌다고 했습니다. 이를 통해 바울은 신령한 지혜를 얻었습니다. 자기를 의지하지 않고 하나님만 의지하겠다고 하니 이것보다 더 신령한 지혜가 어디 있습니까?

성경의 위대한 인물들은 전부 다 고통을 통해 만들어졌다고 해도 과언이 아닙니다. 믿음의 조상 아브라함은 갈 바를 알지 못하고 뚜렷한 목적과 대책도 없이 몇십 년을 고생하며 나그네 인생을 살았습니다. 야곱은 장자권에 대한 욕심 때문에 어렵기도 했지만 그의 고백대로 험한 세월을 살았습니다. 하나님께서는 이 고통 때문에 쉬기를 허락해 주셨어요. 그리고는 나중에 바로 왕을 안수할 정도로 지혜자가 된 것 아닙니까?

요셉은 말해 뭐합니까? 그는 고통대학원 출신이에요. 거기서 포스트 닥터博士後 과정까지 마쳤어요. 요셉은 정규 교육도 안 받았습니다. 애굽의 람세스 대학 같은 데를 나온 것도 아니에요. 그는 고통대학에서 올 'A' 받았습니다. 그렇게 해서 결국 대제국 애굽을 통치할 만한 지혜자가 된 것입니다.

다니엘은 또 얼마나 지혜로웠습니까? 바벨론 제국에서 몽조와 이상을 풀이할 정도로 지혜롭고 다니엘서라는 위대하고도 시대를 분별할 수 있는 영광스러운 글을 썼잖아요. 그런데 다니엘이 얼마나 고통스러웠는지 다니엘서 10장 17절을 보면 "내 몸에 힘이 없어졌고 호흡이 남지 아니하였"다고 했습니다.

다윗 왕은 사울 왕의 질투로 죽음의 문턱을 넘나드는 고통과 긴장 가운데 살았습니다. 고난과 고통을 거치지 않은 영성은 없습니다. 이를 통해 우리는 신령한 지혜자로 거듭납니다. 죽음에서 생명으로 옮겨지는 축복을 경험합니다. 하나님의 품에 거하는 것이 무엇인지 깨닫게 됩니다.

이제 우리의 자녀와 젊은이들을 위한 기도 제목이 바뀌었으면 좋겠습니다.

"하나님, 우리 아이들을 고통에서 벗어나게 해주시고 너무 어렵지 않게 평탄한 길로 인도해 주십시오."

지금까지 이렇게 기도했다면 앞으로는 다음과 같이 바꾸기를 바랍니다.

"하나님 아버지, 우리의 자녀들을 너무 평탄한 길로만 인도하지 마시고, 오히려 주어진 고통을 잘 감당하면서 주님을 더 깊이 알아가고, 고통 속에서 신령한 지혜로 자랄 수 있도록 도와주옵소서."

평탄한 것만을 요구할 때 성숙할 수 없습니다. 고통을 없애 달라고 하지 말고 그 가운데서 신령한 지혜자가 되어 영적으로 최상급의 수준으로 올라갈 수 있게 해달라고 기도하십시오.

저는 여러분이 하나님의 뜻을 아는 지식과 시대를 분별할 수 있는 지혜와 그 분별력을 가지고 삶에 적용하는 총명이 잘 어우러지는 인생이 되길 원합니다. 그렇게 될 때 우리는 세상과 거침없이 소통하게 될 것이고, 그리스도의 편지의 역할을 온전히 감당할 수 있게 될 것입니다.

그리스도인은 도둑과도 강도와도 사기꾼과도 소통할 수 있어야 합니다. 하지만 세상 사람은 사기꾼 그리스도인, 강도 그리스도인과는 소통하고 싶어 하지 않습니다. 그들은 신령한 지혜를 가진 자로 말과 행동이 일치하고 기도하는 그리스도인과 소통하기 원합니다. 우리의 삶이 저들이 보기에 참으로 향기 나는 그리스도인으로 보여야 합니다. 그것이 신령한 지혜로 자라는 그리스도인입니다.

03

기쁨이 넘치는 소통의 비밀

기쁨의 원천 소통

지금까지 하나님을 아는 지식, 신령한 지혜, 총명, 이 세 가지를 통해 영적으로 성숙해지고 자람으로써 세상 사람으로부터 신뢰를 얻고 소통의 고속도로를 연다고 했습니다. 또 신령한 지혜는 고난 속에서 온다고도 이야기했습니다. 그런데 이 고난이 왔을 때 우리는 어떠해야 합니까? 세상 근심 다 짊어진 것처럼 어깨를 축 늘어뜨리고 한숨을 푹푹 쉬면서 생색을 내야 하겠습니까?

우리 어렸을 때가 생각납니다. 사춘기에 접어들면 얼굴에 근심의 빛을 띠고 "시몬 너는 좋으냐 낙엽 밟는 소리가" 하며 무게 잡고 다니던 시절이 있었습니다. 그때는 그저 내가 세상에서 제일 불행한 사람, 힘든 사람, 인류의 고통을 나 혼자서 짊어진 줄 알았어요. 그런데 오늘 바울은 그렇게 말하지 않습니다. 그때 이 하나님의 말씀을 깨달았다면 절대 그렇게 하고 다니지 않았을 거예요.

> "내가 이제 너희를 위하여 받는 괴로움을 기뻐하고 그리스도의 남은 고난을 그의 몸 된 교회를 위하여 내 육체에 채우노라"
>
> _ 골 1:24

앞부분이 긴 것 같지만 헬라어 원문이나 영어를 보면 딱 세 단어입니다.

"now i rejoice" 내가 이제 기뻐하고.

언제 기뻐한다는 말입니까? 고난 가운데 기뻐한다고 했습니다. 예수 그리스도를 마음에 모시고 있는 사람은 고난 중에도 기뻐합니다. 그런데 현실은 어떻습니까? 참 기쁨이 있습니까? 아니면 마지못해 신앙생활 합니까? 심지어 교회 지도자들조차도 너무 힘들어 기쁨을 갖기 어렵다고 토로할 때가 있습니다. 그렇다면 이 말씀이 잘못된 것입니까? 예수님은 어떠셨을까요?

> "인내로써 우리 앞에 당한 경주를 하며 믿음의 주요 또 온전하게 하시는 이인 예수를 바라보자 그는 그 앞에 있는 기쁨을 위하여 십자가를 참으사 부끄러움을 개의치 아니하시더니 하나님 보좌 우편에 앉으셨느니라" _ 히 12:1-2

예수님은 앞에 있는 기쁨을 위하여 십자가를 참으셨습니다. 물론 십자가 사역을 통해 구원 사역을 완성해야 하는 큰 뜻이 있으셨지요. 그런데 이 말씀을 보니까 십자가를 참고 부끄러움도 개의치 않는 이유가 그 앞에 있는 기쁨을 위해서라고 했어요. 예수님조차도 기쁨을 위해 십자가를 지셨다고 했습니다.

"목사님, 저 요즘 신앙의 기쁨을 잃어버렸어요."

간혹 이렇게 말하는 성도들이 있습니다. 저는 그때마다 묻습니다.

"왜 잃어버리셨어요?"

성도들은 이런 환경 때문에, 이런 어려움 때문에, 이런 짐 때문에 기쁨이 날아갔다고 이야기합니다. 그러나 분명히 말하건대 신앙의 기쁨을 잃어버린 이유는 그런 환경과 짐 때문이 아닙니다. 정확하게 말하면 예수님과의 관계가 잘못되었기 때문입니다. 예수님과 소통하지 않기 때문이에요. 많은 사람이 세상을 향한 그리스도인의 소통을 이야기하지만 세상과의 소통 이전에 예수님과의 소통이 되지 않는다면 그 모든 것이 아무 의미도 없다는 것을 말씀드립니다.

기쁨은 환경에 의한 것이 아니라 예수님과의 소통과 관계된 것입니다. 내 속에 계신 예수님과의 생명력 있는 소통이 희석되었기 때문에 기쁨이 사라지는 거예요. 예수님께 묻지 않고, 예수님을 바라보지 않으니까 험한 파도가 보이는 거예요. 그러니 무섭고 기쁨이 사라질 수밖에요. 환경의 문제로 착각하고 그것만 해결되면 회복되겠지 하지만 그것은 일시적인 것입니다. 따라서 기쁨은 환경도 초월하는 것이라고 말할 수 있습니다. 이것이 내 속에 계신 예수 그리스도를 통하여 고난 가운데서도 즐거움을 누릴 수 있는 중요한 삶의 태도입니다. 내 속에 계신 예수님과의 소통을 통한 관계가 기쁨의 바로미터라는 사실을 기억하십시오.

기쁨은 겸손과 함께 증폭된다

또 하나, 내 안에 예수 그리스도가 생명력 있게 계시면 나도 모르게 주님 앞에 겸허하게 됩니다. 주님이 내 속에서 늘 일하고 계심을 깨닫게 되면 겸손할 수 있습니다. 그리고 그 겸손의 자세가 사라지지 않는 한 절대로 기쁨도 사라지지 않습니다.

왜 기쁨이 없어지는지 아십니까? 대부분의 경우 심령이 겸손하지 못해서 그럽니다.

"나는 이것을 마땅히 누릴 자유가 있는데……."

"나는 이것을 마땅히 누릴 자격이 있는데……."

"내가 이런 일을 당할 이유가 없는데……."

"나는 이런 밑바닥을 기지 않아도 되는데……."

"나는 이것을 당연히 가질 자격이 있는데……."

이렇게 생각하면 마음에 불평과 섭섭함이 커집니다.

"나는 이런 것을 받을 자격이 없어."

"나는 이런 것과 관계 있는 사람이 아니야."

"나는 죄인이야."

"나는 아무것도 아니야."

이처럼 우리 마음이 완전히 밑바닥이 되어 늘 겸비하면 고난조차도 특권임을 알게 됩니다. 마음이 밑바닥이 되면 우리의 눈은 위로 열립니다. 위로부터 부어지는 천상의 은혜를 비로소 보는 영안이 뜨여지는 것입니다. 낮아지면 영안은 올라가는 영적 반전의 진리가 복음의 겸비함을 옷 입고 사는 신앙인의 삶 속에 살아 있는 것입니다. 이런 사람들에게 고난은 위로만 향할 뿐인 이 세상의 눈으로는 도무지 각성하지 못할 신비한 특권입니다. 그때부터 기쁨이 용솟음치기 시작합니다. 그래서 하나님은 하나님의 사람들을 뽑으시고 세우시고 늘 능력 있게 하시기 위하여 나는 할 수 없다, 나는 부족하다, 나는 아무것도 아니다, 나는 죄인이다, 이렇게 고백하는 사람들을 들어 쓰시는 것입니다.

이사야를 보십시오. 예레미야를 보십시오. 모세를 보십시오. 베드로를 보십시오.

> "그때에 내가 말하되 화로다 나여 망하게 되었도다 나는 입술이 부정한 사람이요"_사 6:5

이사야는 왕족이었습니다. 선지자였습니다. 그러나 하나님이 그 속에 계시니까 이사야는 하나님 앞에서 나는 부정한 사람이요, 망할 수밖에 없는 사람이라고 고백합니다. 나는 어려움을 겪어도 당연한 사람이라고 생각하면 고난조차도 기쁨의 채널이 되는 것입니다.

예레미야도 "나는 아이라 말할 줄 모른다"고 했고, 모세는 "나는 입이 둔한 자라 도저히 감당을 못할 사람"이라고 했습니다. 베드로는 "주여, 나를 떠나소서. 나는 죄인입니다"라고 했습니다. 이때부터 베드로와 예수님의 관계가 살아 있는 생명의 관계로 변화되었습니다. 마음이 어려울 때마다 기도의 초두에 붙이는 세 가지가 있습니다.

"하나님, 나는 세리처럼 죄인입니다. 죄성을 가진 인간입니다."

"주님, 나는 목회자라도 주님 앞에서 어린양입니다. 갈 바를 알지 못하는 어린양입니다."

"나는 자식을 가진 부모이지만 주님 앞에서는 어린아이입니다."

이 마음을 계속 토로하다 보면 나도 모르게 내 안에 계시는 예수 그리스도께서 나를 붙잡으셔서 상한 심령을 싸매시고 기쁨을 회복시켜 주십니다.

> 나는 예수님만으로 참 만족과 기쁨을 누리네
> 세상 영광 다 준대도 주님과 못 바꾸네

이것이 오늘 예수님이 살아 계시는 사람들이 할 수 있는 공통적인 신앙 고백이라고 할 수 있습니다. 이렇게 고난의 때에도 기쁨을 누리는 사람은 참된 하나님의 지혜를 누리게 됩니다. 그 지혜

안에서 성숙해지고, 고난 가운데서도 기뻐할 수 있는 아름다운 삶이야말로 예수님과 소통하는 그리스도인으로서 세상을 향한 복음의 통로가 되는 것입니다.

소통의 절대 기준

이렇게 예수님이 우리 안에서 기쁨이 된다고 해서 갑자기 모든 고난이 사라져 버릴까요? 그렇지 않습니다. 오늘 말씀을 보면 알 수 있어요. 어떤 분은 예수 믿으면 고난이 온전히 사라질 줄로 아는데 그렇지 않습니다. 고난이 옵니다. 이 말씀을 보세요.

> "예수 그리스도의 남은 고난을 그의 몸 된 교회를 위하여 내 육체에 채우노라"_ 24절

그리스도의 남은 고난이라는 말은 예수님의 구원 사역에 부족함이 있었다는 뜻이 아닙니다. 예수님은 십자가에서 돌아가시고 사흘 만에 부활하셔서 승천하셨습니다. 예수님은 더 이상 이 땅에 안 계십니다. 대신 제2의 예수님인 우리를, 제2의 예수님의 몸인 교회를 남겨 놓으셨습니다. 그래서 교회를 일컬어 '제2의 성육신이다', '제2의 예수님이다'라고 합니다.

마귀의 제일 큰 작전은 예수님을 공격하고 핍박하고 그분께 고

난을 주고 나중에는 십자가에 못 박아 죽게 한 것입니다. 그러고도 계속해서 예수님을 공격해야 되는데 그렇게 할 수가 없으니 이제는 예수님 대신에 우리를 공격하는 것입니다. 그것이 바로 예수님의 남은 고난입니다. 예수님께서 이 땅에 안 계신 동안에 예수님을 모시고 있는 우리들을 마귀가 공격하는 것이지요.

1세기, 예수님께서 승천하신 이후에 예수님 믿는 사람들을 어떻게 했습니까? 십자가에 못 박아 죽이고 화형대의 이슬로 사라지게 하고, 사자 입에 찢겨 나가게 하는 등 엄청난 고통과 고난과 핍박을 가했습니다. 그게 바로 그리스도의 남은 고난을 채우는 것입니다.

오늘날도 마찬가지입니다. 마귀가 예수님을 모신 성도들을 가만히 내버려 두지 않습니다. 어떤 때는 화살을 쏘아대고 어떤 때는 힘들게 하고 핍박합니다. 그때 우리는 기쁨을 잃지 말고 몸 된 교회를 위해 그리스도의 남은 고난을 달게 받겠다고 선포해야 할 것입니다. 신앙생활이 힘드십니까? 내 안에 살아 계신 예수 그리스도와의 소통을 회복하시기 바랍니다. 예배가 지루하십니까? 겸손하게 자기를 낮추면 주님이 주시는 기쁨이 물밀듯이 밀려올 것입니다.

사람이 극심한 고통이나 환난에 빠지면 살기 위해 반드시 무언가를 붙잡아야 합니다. 예를 들어 위기에 빠진 비행기 조종사는 그 위기를 어떻게 빠져나가야 할지 알고 있습니다. 시계 제로이고 폭풍이 몰려올 때 비행기 조종사들은 결코 자신의 본능에 의존하지 않습니다. 비행기가 제대로 착륙하는 데 필요한 비행기의 계기판 중에는 인공수평의artificial horizon라는 게 있습니다. 이것은 야간이나 구름, 안개 등으로 인해서 앞이 보이지 않을 때 비행기의 전후좌우의 기울기를, 인공적으로 만들어낸 수평선을 기준으로 조정하는 장치입니다. 조종사는 자기의 감각이 어떠하든 그것에 상관없이 인공수평의에 집중합니다. 아마추어일수록 자기의 느낌을 따르고, 프로 조종사일수록 자기의 환경과 감각에 의존하지 않고 인공수평의에 집중해서 흔들림 없이 비행기를 착륙시키는데 집중합니다.

신앙생활에 고통과 피곤이 닥쳐올 때 어리둥절해하지 마세요. 도리어 내 안에 살아 계시는 예수님이 영적인 인공수평의임을 깨닫고 주님께 더욱 집중하기를 바랍니다. 비행사가 인공수평의를 바라보듯 우리는 예수님을 바라보면 됩니다. 그것이 소통입니다. 소통이 뭐 대단한 것이 아닙니다. 바라보고 믿고, 내 생각을 내려놓고 절대적인 기준을 바라보고 거기에 맞게 조정해 가면 되는 겁니다. 우리 사랑하는 모든 성도들이 절대적인 기준인 예수님을 바라보기 원합니다.

04
완전함으로 소통하라

한 영혼을 완전한 자로 세우라

"오늘날 크리스천 사이에는 그릇된 신화가 있습니다. 제자가 되지 않고서도 크리스천일 수 있다는 것입니다. 제자가 되기 위해서는 자기 찢어짐과 비움, 돌이킴이 있어야 합니다. 그런데 그것 없이도 크리스천이 될 수 있다고 말하는 시대에 살고 있습니다. 이것이야 말로 이 시대의 비극입니다."

지난해 우리 교회에서 있었던 '잊혀진 제자도를 회복하라'는 주제의 세미나를 인도한 댈러스 윌라드 교수가 한 말입니다. 그에 따르면 크리스천은 예수 그리스도를 믿는다고 고백하는 사람입니다. 그러나 고백한다고 해서 꼭 제자가 되는 것은 아니라고 했습니다. 제자란 상대와 같은 존재가 되고, 상대가 하는 일을 할 수 있기 위해 적절한 조건 아래서 그 사람과 함께 있기로 작정한 자라는 것입니다.

윌라드 교수는 교회는 제자들이 모인 거룩한 공동체라면서 이 땅의 교회가 숫자적인, 외형적인 크기를 추구하는 것보다는 개개인들을 주님 안에서 더 큰 그리스도인으로 만드는 데 힘을 기울여야 한다고 강조했습니다.

맞습니다. 그런 그리스도인만이 세상과 올바른 소통을 할 수 있습니다. 지금 우리가 아무리 말해도 세상 사람들이 듣지 않습니다. 그래서 말과 행동이 일치하는 신뢰할 만한 사람이 되는 것, 그것이 소통의 고속도로를 놓는 것이라고 앞에서 말했습니다. 그리스도인은 하늘에 쌓아둔 소망, 복음을 전하는 자가 되어야 하며 그러기 위해 신령한 지혜와 총명이 필요하다고도 했습니다. 이런 모든 것에서 성숙한 그리스도인이 제자입니다. 골로새서를 쓴 바울은 외화내빈의 한국 교회, 내실이 없는 그리스도인들에게 뭐라고 말하고 있습니까?

> "우리가 그를 전파하여 각 사람을 권하고 모든 지혜로 각 사람을 가르침은 각 사람을 그리스도 안에서 완전한 자로 세우려 함이니"_골 1:28

똑같은 단어를 세 번이나 반복한 것이 눈에 띕니다. '각 사람'이라는 말입니다. 이것은 대충대충 도매금 식으로 다루는 것이 아니라 한 사람 한 사람을 소중하게 생각하고 개개인에게 집중한 것을 보여 줍니다. 이것이 과연 대형 교회에서도 가능한지 물었을 때 하나님께는 이렇게 말씀하셨습니다.

"바울을 보라. 그가 예수 믿고 난 다음에 세계를 위해 어떻게 일했는가."

본래 그는 속이 좁은 사람이었습니다. 밴댕이 같은 사람이었습니다. 예수님을 믿기 전에는 스데반을 돌로 쳐 죽이는 아주 포악한 사람이었습니다. 하지만 예수님을 믿고 변화된 후에는 세계를 품고 로마 대제국의 황제 가이사 앞에서도 말씀을 전하고, 그 당시 세계의 끝이라 할 수 있는 스페인에 가서도 말씀을 전하는 통 큰 사람이 되었습니다. 바울은 그러면서도 각 사람에 대한 집중력이 조금도 흐트러지지 않았습니다.

28절에서 쓰인 '권한다'는 말은 헬라어로 '루세테어'라는 말인데 이는 나쁜 행동에 대해서 충고하고 경고한다는 의미를 내포하고 있습니다. 영적인 아버지로서 인격적인 관심을 가지고 상담하고 세워주는 것을 포함하고 있습니다. 특히 경책하는경고하고 책망함 것도 포함됩니다.

'가르친다'는 것은 "모든 신령한 지혜와 총명에 하나님의 뜻을 아는 것으로 채우게 하시고"9절와 연결되어 영적인 기본 원리와 지식들을 잘 갖춰 나가도록 가르친다는 말입니다. 그리고 완전한 자로 세운다고 했는데 이는 예수 그리스도의 형상을 닮아가고고후 3:18, 그리스도의 장성한 분량에 이르게엡 4:13 한다는 뜻입니다.

예수님께서는 공생애 동안 가르치시고 복음을 전파하시고 사람들을 고치셨습니다마 9:35. 사도 바울이 예수님의 이 사역을 계승한 것입니다. 제자는 세상과 소통할 뿐 아니라 다른 사람에게 복음을 전파하고 한 성도, 한 성도에게 집중합니다.

지식이 아니라 생명, 철학이 아니라 인격

제자는 또 우리 안에 계신 예수 그리스도, 영광의 소망이신 예수 그리스도를 전해야 합니다. 세상 사람들과 예수 그리스도로 소통해야 합니다. 이것이 왜 그렇게 중요합니까? 사람들은 많은 경우 예수 그리스도를 전파하지 않습니다. 세상 사람들은 자기를 전파합니다. 자신을 나타냅니다. 흔히 제자훈련 한다고 하면 많은 사람들이 이렇게 얘기합니다.

"목사가 자기 제자 만들려고 그러는 거 아냐?"

아닙니다. 목회자나 제자를 훈련시키는 사람이나 모두 도구일 뿐입니다. 고린도후서 4장 5절에 "우리는 우리를 전파하는 것이 아니라 그리스도 예수의 주 되신 것과 또 예수를 위하여 우리가 너희의 종 된 것을 전파함이라"고 했습니다.

당시 스승과 제자 사이의 가르침에는 독특한 것이 있었습니다. 대부분의 스승들은 헬라 문화의 영향을 많이 받아 아리스토텔레스나 플라톤 같은 이의 철학을 전파했습니다. 하지만 바울은 달랐어요. 그는 예수 그리스도의 인격, 그분의 생명을 전했습니다. 지식이 아니라 생명을, 철학이 아니라 인격을 전한 것이지요.

또 하나, 당시에는 제자가 훌륭한 스승을 찾아가거나 모셨습니다. 하지만 예수 그리스도는 생명의 스승이었기 때문에 이들과 달랐습니다. 친히 당신이 우리의 삶 속으로 찾아오신 것입니다. 고기 잡던 베드로와 요한을, 세관에서 일하던 세리 마태를, 나사렛에서 무슨 선한 것이 나겠느냐던 허무주의자 나다나엘을, 예수 믿는 사람을 잡아 죽이려던 바울을 예수님께서 직접 찾아오셔서 만나 주셨습니다. 이렇게 직접 찾아가 만나는 것이 소통입니다.

오늘 우리도 마찬가지입니다. 우리가 죄인 되었을 때 그분이 친히 우리를 찾아오셔서 손을 내밀어 주셨습니다. 그 안에 지혜와 지식과 모든 보화가 감추어져 있는 그분이 우리에게 다가와 소통해 주셨습니다. 그렇기에 우리는 오직 예수 그리스도를 전파해야 합니다. 우리가 소통의 통로가 되어 전해야 할 분은 오직 예수 그리스도입니다.

그리스도 안에서 완전한 자

우리가 제자로서 훈련받는 목표는 그리스도 안에서 완전한 자로 세워지는28절 것입니다. 앞서 그리스도의 형상을 닮아간다, 장성한 분량에 이른다는 뜻이라고 했는데 이를 좀 더 구체적으로 살펴보고자 합니다.

완전한 자로 세운다는 말은 헬라어로 '텔레이우스'라는 말인데 이는 어떤 목적을 완성시켜 준다는 뜻입니다. 영어로는 'perfect'라는 말인데 사람이 과연 완전해질 수 있겠어요? 완전해질 수 없습니다. 하지만 지금 당장 완벽하게 넘을 수 없는 고차원적인 것 같아도 앞뒤 구절을 통해 우선 우리가 할 수 있는 한두 가지를 확인해 보겠습니다.

완전하게 된다는 것은 어떤 뜻일까요? 골로새서 1장 22절을 보면 "이제는 그 육체의 죽음으로 말미암아 화목하게 하사 너희를 거룩하고 흠 없고 책망할 것이 없는 자로 그 앞에 세우고자 하셨으니"라고 말씀하고 있습니다. 완전한 자가 된다는 것은 하나님 앞에서 거룩하고, 자기 자신 앞에서 흠 없고, 세상 사람 앞에서 책망할 것이 없는 차원을 말합니다. 이것을 좀 더 구체적으로 우리의 삶에서 실현할 수 있도록 골로새서 2장 2절은 다음과 같이 설명합니다.

"이는 그들로 마음에 위안을 받고 사랑 안에서 연합하여 확실한 이해의 모든 풍성함과 하나님의 비밀인 그리스도를 깨닫게 하려 함이니"

네 가지를 설명하고 있는데, 첫째로 마음에 위안을 받는다고 했습니다. 이것은 서로 격려한다는 말입니다. 격려는 상대방에게 새로운 마음을 주는 것입니다. 값싼 동정이 아니라 진정한 영적 격려를 마음으로 주고받으면 거기에서 성숙이 일어납니다.

두 번째는 사랑 안에서 연합한다는 것입니다. 가는 곳마다 피스메이커의 역할을 한다는 말입니다. 영적으로 성숙한 사람들은 사람들과의 사이에서 화평케 하는 소통의 역할을 감당할 수가 있습니다.

세 번째는 확실한 이해의 모든 풍성함에 이르는 것입니다. 바울은 27절에서 그리스도 안에서 그 영광의 풍성함을 말하고 있습니다. 너무나 많은 그리스도인들이 이러한 풍성함이 있는데도 불구하고 그것을 누리지 못하고 삽니다. 하나님 나라의 창고에 모든 것이 있는데도 우리는 마치 거지처럼 가난하게 살 때가 있습니다. 그런데 그리스도 안에서 부요함을 깨달으면 자신이 갖지 못한 것에 대해서 불평하지 않게 됩니다. 오히려 예수님 안에 있는 무한한 자원과 광대한 자원을 잘 활용하게 됩니다. 날마다 은혜의 광맥을 캐는 자리에까지 올라가는 것입니다.

네 번째는 하나님의 비밀인 그리스도를 깨닫는 것입니다. 나는 하나님의 자녀이고 그리스도께 속해 있다는 영적 깨달음입니다.

이 네 가지를 통해 점점 더 성숙해 가고, 완전해져 가기를 바랍니다.

사실 이 네 가지는 그리스도인과 세상 사람, 우리와 그리스도가 맺는 소통의 비밀이기도 합니다. 소통하면 서로 위안을 얻습니다. 혼자 외따로 사는 사람의 외로움은 생살을 자르는 것 같은 고통을 줍니다. 소통해야 합니다. 서로 위로하고 위안을 얻어야 합니다. 그럴 때 당연히 사랑의 연합이 이뤄집니다. 그러면 풍성함이 따라오죠. 쭉 이어져 있어요.

시골 마을의 잔칫날은 굳이 누가 말해 주지 않아도 다 압니다. 언제 어느 집에서 잔치가 있는지 알아요. 소통이 끝나 있습니다. 그러니 풍성한 잔치가 되는 겁니다. 소통하면 다 그렇게 됩니다. 그리고 그 소통의 내용이 바로 예수 그리스도입니다. 그리스도가 그 가운데 있어요. 그래야 인간의 잔치를 넘어선 하늘나라의 잔치가 이 땅에서 이뤄지는 겁니다. 그리스도의 제자로 완전에 이르게 됩니다.

우리는 연약한 존재입니다. 우리는 모두 약점을 가지고 있습니다. 하지만 감사한 것은 이런 약점을 가진 사람들이 함께 모일 때에 교회라는 그리스도의 몸이 된다는 것입니다. 우리는 부족하지만 그리스도의 몸은 부족하지 않고 완전합니다. 몸의 각 기관은 소통하고 연락하고 그래서 연약한 존재가 위대한 존재가 되는 겁니다.

옥한흠 목사님은 "완전한 자가 된다는 것은 우리에게 빠지는 것이 없도록 주님이 도와주신다, 우리에게 모자란 것이 없도록 주님이 도와주신다는 의미"라고 했습니다. 니고데모가 얼마나 대단한 사람이었습니까? 그야말로 사회적으로 높은 위치에 있었고 사람들로부터 존경받는 지성인이었습니다. 사람들은 다 갖춘 줄 알았지요. 그런데 그가 예수님 앞에 나왔을 때 예수님은 이렇게 말씀하셨습니다.

"사람이 물과 성령으로 거듭나지 않으면 안 된다. 너에게 빠진 것이 있다. 그것은 거듭남이다."

예수님께서는 거듭나야 한다는 것을 강조하시며 그 빠진 것을 보완해 완전한 자리로 들어가게 해주셨습니다. 어떤 젊은 청년이 주님께로 왔습니다.

"선생님, 제가 어떻게 하면 구원을 얻겠습니까?"

주님은 계명을 지키라고 말씀하셨습니다. 그 청년은 어렸을 때부터 다 지켰다고 대답했습니다. 대단한 사람 아닙니까? 청년의 때에 육체의 쾌락에 탐닉하지 않고 주님 앞에 나와서 구원의 문제에 관심을 가졌으며 더군다나 어렸을 때부터 계명을 다 지켰다고 했습니다. 그런데 주님이 볼 때 그에게는 부족한 게 있었습니다.

"너에게 모자란 것이 있다. 물질에 너무 많이 마음이 가 있어. 그 물질을 정리하고 나를 따르라."

하나님께서는 교회에 속한 한 사람 한 사람의 빠진 것들을 제자훈련을 통해 보완해 주십니다. 비록 지금은 우리가 부족하더라도 이 보완을 통해 함께 공동체를 이루면 완전한 자리로 나갈 수 있다는 사실을 기억하십시오.

힘을 다해 애쓰고 수고하라

이렇게 제자가 된다는 것은 중요합니다. 오직 제자가 되었을 때만 이 세상과 바르게 소통할 수 있다고 했습니다. 그렇다면 제자가 되는 훈련의 목표를 이루기 위해서 우리는 어떻게 해야 할까요?

> "이를 위하여 나도 내 속에서 능력으로 역사하시는 이의 역사를 따라 힘을 다하여 수고하노라"_골 1:29

'나도'라는 말에 집중해 주십시오. 이 말은 바울 자신, 즉 지도자를 말합니다. 제자훈련은 지도자가 각성해야 할 문제입니다. 목회 사역에서 가장 힘든 것이 있다면 '나도'의 책임을 다한다는 것입니다. 주님을 계속 닮아가는 것이 가장 큰 숙제입니다. 지도자들이 정신을 차려야 하고 지도자들이 잘 해야 합니다.

한편 28절을 보면 '우리'라는 말이 나옵니다. 이 말은 교회의 평신도 지도자를 말합니다. 교회의 순장님들이나 장로님들이나 평신도 지도자들을 통칭한다고 할 수 있습니다. 그리고 각 사람은 일반 교우 전체를 포함합니다.

결국 제자훈련의 목표를 이루기 위해서는 교회 지도자나 평신도 지도자나 일반 교우들이나 모두 마음을 다해 집중해서 해야 할 일이 있다는 것입니다. 그것은 내 속에서 능력으로 역사하시는 이의 역사, 즉 성령의 역사에 민감해야 한다는 것입니다. 이 부분을 리빙바이블living bible에서는 이렇게 번역하고 있습니다.

"내가 아무리 어려워도 예수 그리스도의 전능한 힘인 성령의 역사가 내 속에서 역사하고 있다는 단 한 가지 이유 때문이라도 이목적을 완수할 수가 있다."

그렇습니다. 아무리 어려워도 내 속에서 성령이 나와 소통하고 함께 역사하신다는 단 한 가지 이유 때문에라도 우리는 완전한 자로 올라가는 그 목표를 위해 달려갈 수 있다는 뜻입니다.

다음으로 주목해야 할 말은 힘을 다해 수고하라는 것입니다. 헬라어 본문을 보면 기진맥진할 정도로 수고한다, 고군분투한다, 고통이 되도록 힘을 쓴다, 정말로 고투한다는 뜻입니다.

바울은 사람들을 그리스도 안에서 완전한 자로 세우기 위해 고군분투했습니다.

"그들이 그리스도의 일꾼이냐 정신없는 말을 하거니와 나는 더욱 그러하도다 내가 수고를 넘치도록 하고 옥에 갇히기도 더 많이 하고 매도 수없이 맞고 여러 번 죽을 뻔하였으니 유대인들에게 사십에서 하나 감한 매를 다섯 번 맞았으며 세 번 태장으로 맞고 한 번 돌로 맞고 세 번 파선하고 일주야를 깊은 바다에서 지냈으며 여러 번 여행하면서 강의 위험과 강도의 위험과 동족의 위험과 이방인의 위험과 시내의 위험과 광야의 위험과 바다의 위험과 거짓 형제 중의 위험을 당하고 또 수고하며 애쓰고 여러 번 자지 못하고 주리며 목마르고 여러 번 굶고 춥고 헐벗었노라 이 외의 일은 고사하고 아직도 날마다 내 속에 눌리는 일이 있으니 곧 모든 교회를 위하여 염려하는 것이라"_고후 11:23-28

바울의 수고가 그의 삶의 흔적으로 고스란히 남았습니다. 사도행전 19장을 보면 에베소 교회의 사람들을 가르칠 때 두란노서원에서 매일 오후 1시부터 5시까지 2년간 가르치고, 저녁에 선선할 때는 자기 생업을 감당하고, 고린도 교회 사람들에게 우상 숭배 때문에 고소당하고, 데살로니가에서도 고생하는 등 여러 곳에서 그야말로 힘을 다하여 수고했습니다.

우리도 바울처럼 힘을 다해 수고하되 그가 고린도전서 15장에서 고백한 대로 날마다 죽어야 합니다. 이것이 얼마나 어려운 일입니까? 하지만 십자가의 죽음 없이 어떻게 열매가 있겠습니까? 우리가 죽지 않고서야 어떻게 사람들이 생명을 얻겠습니까? 어떻게 그들이 성숙하겠습니까?

한국 교회가 한 사람을 그리스도 안에서 온전한 자로 세우기 위해 죽을 수만 있다면, 힘에 지나도록 고생을 하고 고군분투하고 진액을 쏟을 수만 있다면 한국 교회는 결코 쇠퇴하지 않을 것입니다.

100년 전에 영국 교회는 세계 최고였습니다. 그 당시에 스펄전이 섬겼던 메트로폴리탄, 타보노콜, 뉴펙스트리트 교회에는 영국 최고의 지성인들이 6,000명 이상 모였습니다. 아름다운 교회도 지었습니다. 그 당시 영국 국민의 100명 중 80명이 그리스도인이었습니다. 모든 도시의 핵심 도로에, 그리고 영국의 영향을 받았던 남아프리카 등 여러 지역의 핵심 도로에 교회들을 얼마나 많이 지었는지 모릅니다.

그런데 지금은 어떻습니까? 100명 중에 서너 명도 교회에 안 나갑니다. 교회 건물들이 디스코텍으로 팔리고, 술집으로 팔리고, 극장으로 팔리고, 심지어 이슬람 사원으로 바뀐 곳도 있습니다. 실로 비참한 현실이지요.

이유가 무엇입니까? 당시 영국 교회가 독일의 영향을 받아서 고등 비평과 같은 자유주의 신학에 물들어 한 사람을 그리스도 안에서 온전한 자로 세우는 일에 진액을 쏟지 않았기 때문입니다. 오늘 한국 교회가 그렇게 되지 않기 위해서는 교회가 사역의 본질인 한 사람을 그리스도 안에서 온전한 자로 세우는 일에 혼신의 노력을 다해야 할 것입니다. 성령의 역사를 따라 힘을 다해 수고해야 할 것입니다.

그렇게 세워진 제자들은 세상과 소통해야 합니다. 소금맛 나는 소통으로 썩어져 가는 세상을 맛있고 살맛나는 세상으로 변화시키는 데 앞장서야 합니다. '소통한 만큼만 우리는 가깝다'는 말이 있습니다. 제자인 우리가 세상과 소통한 만큼 예수 그리스도가 전파될 것입니다. 우리가 날마다 죽을 만큼 수고하고 힘쓴 만큼 세상은 변화될 것입니다. 소통은 아무리 못나도 짝이 있습니다. 혼자 하는 소통은 없습니다. 우리 이웃, 내 옆 사람, 아직 예수 안 믿는 사람들, 의심하는 사람들, 공격하는 사람들 모두에게 예수 그리스도의 복음으로 소통하시길 바랍니다.

　지금까지 무엇이 그리스도인의 소통이 되어야 하는지, 소통의 통로가 되기 위해서 어떤 사람이 되어야 하는지, 소통의 통로인 제자가 어떤 모습을 갖추어야 하는지 이야기했습니다. 이제부터는 그 소통의 내용, 예수 그리스도에 대해서 알아보겠습니다. 골로새서에서 예수 그리스도를 어떻게 표현하는지 우리는 알아야 합니다. 가게에서 장사를 하는 사람도 자신이 파는 물건에 대해 연구하고 공부합니다. 하물며 복음을 전하는 우리가 그 복음과 예수 그리스도를 모른다면 어떤 소통도 할 수 없다고 단호히 말할 수 있을 것입니다.

1부 복음은 소통을 따라 흘러간다

01 거룩한 소통의 절정

신으로서 인간 속으로 오신 예수님의 성육신은 거룩한 소통의 절정이라고 할 수 있습니다. 이웃과 사회와 소통하지 않는 복음은 이미 맛을 잃은 소금일 뿐입니다. 그 복음이 깨달아진 사람은 장차 나타날 하늘의 영광을 위해 세상과 소통합니다.

우리의 소통을 통해 세상으로 흘러가야 할 것은 무엇입니까? 우리가 세상과 소통해야 하는 이유는 무엇입니까?

02 신령한 지혜로 사는 삶

우리가 신령한 지혜로 살기 위해서는 하나님의 뜻을 아는 지식과 시대를 분별하는 지혜와 그 모든 것을 삶에 적용하는 총명이 있어야 합니다. 우리는 말과 혀로만 하는 사랑이 아닌 행함과 진실함으로 더욱 성숙해져야 합니다.

영적으로 성숙하기 위해 어떤 노력을 하고 있습니까? 영적으로 성숙한 것이 세상과의 소통에 어떤 도움을 줍니까?

03 기쁨이 넘치는 소통의 비밀

우리가 신앙의 기쁨을 잃어버린 이유는 내 속에 계신 예수님과의 생명력 있는 소통이 희석되었기 때문입니다. 예수 그리스도를 마음에 모시고 있는 사람은 고난 중에도 기뻐합니다. 기쁨은 신앙생활을 풍성하게 하며 행복 바이러스처럼 세상에 퍼집니다.

신앙생활이 힘든 이유는 무엇입니까? 날마다 주님과 소통하지 않고 혼자 해보겠다는 교만한 부분은 무엇입니까?

04 완전함으로 소통하라

제자는 예수 그리스도를 전파해야 합니다. 그의 생명과 인격을 전해야 합니다. 제자는 하나님 앞에서 거룩하고 세상 사람 앞에서 흠 없고 책망할 것이 없는 온전한 자로 세워집니다. 이런 제자들이 소통할 때 세상은 변화되고 맙니다.

제자의 완전함이란 무엇입니까? 당신은 그리스도의 제자로서 그의 생명과 인격을 전하고 있습니까?

슬픔맛 나는

초통.

2부

'예수'는

소통의

내용이다

모든 피조물보다 먼저 나셨다

"알고 지내던 목수 한 분이 있었습니다. 언젠가 그 노인이 내게 무얼 설명하면서 땅바닥에 집을 그렸습니다. 그는 먼저 주춧돌을 그린 다음 기둥, 도리, 들보, 서까래, 지붕의 순으로 그렸습니다. 그가 집을 그리는 순서는 집을 짓는 순서였습니다. ⋯⋯ 세상에 지붕부터 지을 수 있는 집은 없는데도 늘 지붕부터 그려온 나의 무심함이 부끄러웠습니다."

신영복 교수가 쓴 『나무야 나무야』에 나오는 한 대목입니다. 세상에 지붕부터 지을 수 있는 집은 없다는 말이 두고두고 가슴에 남았습니다. 이는 비단 눈에 보이는 건물에만 해당되는 얘기는 아닐 것입니다. 목수가 집을 지을 때 가장 먼저 주춧돌을 놓듯이 우리도 그래야 합니다. 예수님께서는 반석 위에 교회를 세우겠다고 말씀하셨고, 반석 위에 집을 지은 사람을 지혜롭다고 하셨습니다.

반석 위에 지은 집은 비가 내리고 창수가 나고 바람이 불어도 끄떡없다고 하셨습니다. 그 반석은 바로 예수 그리스도입니다.

기초가 튼튼하지 않으면 흔들릴 수밖에 없습니다. 아니, 심한 경우 폭삭 주저앉아 버리기도 합니다. 순식간에 무너져 수많은 인명 피해를 낸 삼풍백화점이나 성수대교가 이를 증명하지 않습니까? 우리는 반석 위에 집을 지어야 합니다. 결코 흔들릴 수도, 흔들려서도 안 되는 굳건한 반석이신 예수 그리스도 위에 집을 지어야 합니다. 그래야 그 어떤 풍파도 견뎌낼 수 있습니다. 겉모습이 아무리 화려해 보여도 주춧돌이 약하면 언젠가는 무너지게 마련입니다.

이제부터 우리의 소통의 기초이며 주춧돌 되신 예수 그리스도를 골로새서에서는 어떻게 말하는지 알아보려고 합니다. 예수 그리스도는 그리스도인들이 해야 할 소통의 내용입니다. 세상에는 어떻게 소통해야 하는지, 소통이 뭔지 하는 책들이 많이 나와 있습니다. 하지만 그 소통의 핵심, 내용을 다루는 책은 그리 흔치 않습니다. 그저 자기 자신을 얼마나 잘 드러내느냐 하는 것이 다입니다. 자기 자신을 잘 표현하는 것은 중요합니다. 하지만 그리스도인에게 예수 그리스도를 제대로 표현하는 것만큼 중요한 것은 없을 것입니다. 그 예수 그리스도를 모른다면 우리는 삼풍백화점처럼, 성수대교처럼 무너지고 말 것입니다. 이제부터 우리가 전할 그 예수 그리스도가 어떤 분인지 함께 깨달아 갔으면 좋겠습니다.

소통의 주제 예수 그리스도

골로새서 1장 15-19절은 기독교의 진수라 할 수 있습니다. 믿음의 정수를 보여 주고 있기 때문입니다. 어떤 면에서 신앙 원리의 총책이라고도 말할 수 있을 것입니다.

> "그는 보이지 아니하는 하나님의 형상이요 모든 창조물보다 먼저 나신 이시니 만물이 그에게서 창조되되 하늘과 땅에서 보이는 것들과 보이지 않는 것들과 혹은 왕권들이나 주권들이나 통치자들이나 권세들이나 만물이 다 그로 말미암고 그를 위하여 창조되었고 또한 그가 만물보다 먼저 계시고 만물이 그 안에 함께 섰느니라 그는 몸인 교회의 머리시라 그가 근본이시요 죽은 자들 가운데서 먼저 나신 이시니 이는 친히 만물의 으뜸이 되려 하심이요 아버지께서는 모든 충만으로 예수 안에 거하게 하시고"

여기서 말하는 '그'는 누구입니까? 13-14절을 보면 "그가 우리를 흑암의 권세에서 건져 내사 그의 사랑의 아들의 나라로 옮기셨으니 그 아들 안에서 우리가 속량 곧 죄 사함을 얻었도다"라고 설명하고 있습니다.

그는 예수 그리스도를 의미합니다. 이 구절은 예수 그리스도가 어떤 분인지 잘 보여 주고 있습니다. 성경 전체는 예수 그리스도가 중심입니다. 예수 그리스도가 구약과 신약의 주제입니다. 복음서는 예수 그리스도의 행적이고, 사도행전은 예수 그리스도를 선포한 것이고, 서신서는 예수 그리스도를 통해 우리 삶의 원리들을 추출해 내었고, 요한계시록은 어린 양 되신 예수 그리스도가 오고 오는 세대에 모든 것의 통치자이심을 보여 주고 있습니다.

사도행전 8장 35절에는 "빌립이 입을 열어 이 글에서 시작하여 예수를 가르쳐 복음을 전하니"라고 기록되어 있습니다. 에티오피아 내시가 성경을 읽는데 잘 이해하지 못했습니다. 내시가 읽던 책은 이사야의 글인데 빌립은 이 글에서 시작해서 예수님을 전했습니다. 빌립이 전하려던 것의 핵심은 다름 아닌 예수 그리스도였습니다.

누가복음 24장 27절을 보십시오.

"이에 모세와 모든 선지자의 글로 시작하여 모든 성경에 쓴 바 자기에 관한 것을 자세히 설명하시니라"

여기서 모세는 구약의 모세오경을 가리킵니다. 모든 선지자의 글은 구약에 나타난 모든 선지서를 말합니다. 모든 성경은 성문서, 즉 시가서와 역사서를 이르는 말입니다. 따라서 모세오경과 예언서, 시가서, 역사서를 다 합치면 구약 전체가 되는 것입니다.

엠마오로 가는 두 제자에게 나타나신 예수님은 모든 성경에서 자신에 관해 기록된 말씀을 자세히 설명해 주셨습니다. 처음에는 제자들의 눈이 가리어져서 예수님을 알아보지 못했지만 설명을 듣고 나서는 눈이 밝아져 그제야 예수님인 줄 알아보았습니다.

그렇습니다. 모든 성경은 하나님의 감동으로 된 것입니다딤후 3:16. 그렇기에 우리 안에 계신 성령님께서 우리의 눈을 열어 주셔야만 그 속에서 예수 그리스도를 볼 수 있습니다. 그러니 성경을 보기 전에 꼭 기도하십시오. 나의 눈을 밝혀 주셔서 말씀 속에서 예수 그리스도를 볼 수 있도록 말입니다.

우리가 세상과 소통할 때, 아직은 예수 그리스도와 아무 상관없이 살아가는 이들에게 나아갈 때 성경의 주인공인 예수 그리스도를 들고 가야 합니다. 나의 생명이시고 나의 전부가 되시는 주님이 바로 소통의 내용이요, 주제가 되어야 할 것입니다.

하나님의 형상, 영광의 광채

성도를 향한 저의 간절한 기도제목 중 하나는 시작보다 끝이 더 좋은 인생이 되기를 바라는 것입니다. 시간이 가면 갈수록 더 은혜 받는 삶이 되려면 꼭 필요한 것이 있습니다. 그것은 다름 아닌 삶의 원칙입니다.

지금 이 시대는 원칙이 흔들리고 허물어져 많은 어려움과 위기에 처해 있다고 해도 과언이 아닐 것입니다. 원칙은 마치 밧줄과 같습니다. 우리는 날마다 습관의 실을 짜서 밧줄을 만듭니다. 그런데 잘못된 습관의 실로 밧줄을 만들면 나중에 끊기 어려워지고 그것이 자신을 옥죄고 얽매는 결과를 가져옵니다. 아마 우리 중에도 이런 사람들이 있을지 모르겠습니다. 우리는 하나님이 원하시는 삶의 원칙들을 세워야 합니다. 말씀에 입각해 튼튼한 밧줄을 만들어 삶의 닻을 내려야 풍랑 이는 이 시대에도 흔들리지 않고 굳건하게 서 있을 수 있습니다.

우리가 살펴보고 있는 골로새서를 보면 골로새 교회도 이런 어려움을 겪고 있었던 것 같습니다.

"골로새 교회에 문제가 있습니다. 이상한 이단이 들어와 예수님만으로 충분하지 않다고 하고, 주님 외에 다른 천사도 숭배해야 한다고 주장합니다. 예수님 외에 다른 지식이 필요하다며 사람들을 헷갈리게 만들고 있어요."

골로새 교회를 세우고 거기서 사역하던 에바브라가 바울에게 와서 보고했습니다. 바울은 무언가 특단의 조치가 필요하다고 판단했습니다. 골로새 성도들의 불필요한 의심과 혼란을 제거해 주어야만 했어요. 그래서 골로새서 1장 15-19절 말씀을 선언한 것입니다.

15절에서는 "그는 보이지 아니하는 하나님의 형상이요 모든 피조물보다 먼저 나신 이시니"라고 표현하고 있습니다. 또 히브리서에서는 "이는 하나님의 영광의 광채시요 그 본체의 형상이시라"1:3고 부연 설명합니다.

'영광의 광채'라는 것은 모든 본질, 에센스, 모범이라는 의미입니다. 즉, 예수 그리스도의 본질이 하나님이시라는 말입니다. '형상'이라는 말은 본래 그리스어에서 도장이라는 뜻입니다. 도장은 찍으면 똑같은 결과가 재연되지 않습니까? '그 본체의 형상'이라는 말은 예수님은 하나님의 형상을 도장 찍은 것과 같다는 얘깁니다. 예수 그리스도가 하나님이시라는 것이지요.

이 하나님이 어떻게 되셨습니까? 요한은 "말씀이 육신이 되어 우리 가운데 거하"요 1:14셨다고 고백합니다. 바울 사도는 '그는 근본 하나님의 본체'라고 말했습니다. 예수님은 친히 '나를 본 자는 아버지를 보았다'고도 했습니다.

장자권과 상속권을 가지신 분

또 하나, 간과하지 말아야 할 것이 15절 후반부에 기록되어 있습니다.

"모든 피조물보다 먼저 나신 이시니"

먼저 나셨다고 했는데 이것은 시간적인 개념이 아닙니다. 보통 2,000년 전에 예수님이 오셨다고 하는데 이미 예수님이 나시기 전에 살던 사람들도 있지 않았습니까? 그러므로 이 말씀은 위치와 능력과 권세를 상징합니다. 으뜸 되는 것, 소위 장자권을 가졌다는 뜻입니다.

"내가 저를 장자로 삼고 세계 열방의 으뜸이 되게 하시며"

_ 시 89:29, 개역한글

히브리서 1장 2절에는 장자권 가진 자의 특징을 언급합니다. "이 아들을 만유의 상속자로 세우시고"라는 말씀에서 장자권은 반드시 상속권과 연결되어 있음을 알 수 있습니다. 예수 그리스도께서는 이 장자권과 상속권을 가지셨습니다.

> "보좌에 앉으신 이의 오른손에 두루마리가 있으니 안팎으로 썼고 일곱 인으로 봉하였더라 …… 누가 그 두루마리를 펴며 그 인을 떼기에 합당하냐 하나 하늘 위에나 땅 위에나 땅 아래에 능히 그 두루마리를 펴거나 보거나 할 자가 없더라 …… 그 어린 양이 나아와서 보좌에 앉으신 이의 오른손에서 두루마리를 취하시니라"_ 계 5:1-7

오직 장자권과 상속권을 가지신 예수 그리스도만이 그 책을 펼치기에 능하신 분으로 표현되어 있습니다.

다시 한 번 강조합니다. 예수 그리스도는 참 하나님이십니다. 예수 그리스도는 하나님의 본체십니다. 참 하나님으로서 예수 그리스도는 장자권과 상속권을 가지신 분입니다.

이 진리를 확실히 할 때 아무리 사탄의 역사가 기승을 부리고 온갖 이단이 난무해도 결코 흔들리지 않을 수 있습니다. 초대교회

때처럼 오늘날 한국 교회 내에서도 다른 진리를 선포하는 이단에 속지 마십시오. 이 진리의 말씀을 심비에 새기고 날마다 예수 그리스도와 동행하십시오. 우리가 전해야 할 분은 오직 예수 그리스도입니다. 그분이 우리 소통의 핵입니다.

온 세상 만물의 주인이시다

몇 년 전, 한 권의 책이 세계 지성사회의 빅뉴스가 되었던 일이 있습니다. 그것은 영국의 노 철학자인 앤터니 플루라는 사람이 유신론자로 개심한 후 출간한 『존재하는 신』There is a God이라는 책 때문이었습니다. 우리나라에서는 잘 알려지지 않았지만 그는 세계적으로 유명한 무신론자들의 대장이었습니다. 그는 하나님은 절대 없다며 기독교 변증학자요 문학가인 C. S 루이스와 논쟁을 벌이기도 했습니다. 그는 원래 "There is no God"라고 말했던 사람입니다. 그러던 그가 'no'를 'a'로 바꾼 것입니다.

ABC 뉴스에 따르면 그 유명한 무신론자인 앤터니 플루가 과학적인 증거에 의거하여 이제는 하나님의 존재를 믿게 되었다고 했습니다. 거기에 보면 이렇게 나와 있습니다.

"81세의 나이에 수십 년간 고집하던 무신론의 확신이 실수였다고 말하면서 앤터니 플루는 '우주는 창조자에 의해서 설계되고 창조된 것이 틀림없다'는 결론을 내렸다. 그가 수십 년 동안 고집했던 무신론에서 마음을 바꾼 이유는 '생명의 가장 기본 단위인 DNA를 연구하면 할수록 고도의 복잡한 정렬이 있어야 함을 보여 주었으며, 이것은 반드시 외부의 놀라운 지적인 설계자, 통제하는 주인이 개입되지 않으면 이 고도의 정열은 불가능하기 때문이다'라고 고백하였다."

과학만능 시대에 20세기의 가장 유명했던 무신론 철학자가 유신론자로 돌아섰다는 것, 이것을 통해 우리는 무엇을 알 수 있습니까? 우리가 정직한 사고를 한다면, 망원경으로 무한한 우주를 관찰하면 할수록 하나님에 대한 경외감을 느낄 수 있고, 또 현미경으로 가장 작은 단위의 생명체를 연구하면 할수록 하나님의 존재를 확인할 수 있다는 것입니다.

이 우주에는 반드시 창조자가 있고, 창조의 질서가 있습니다. 다 아는 대로 지나간 수천 년 동안 한 번도 온대 기후의 봄, 여름, 가을, 겨울의 순서가 뒤바뀐 적이 없습니다. 이 태양계뿐만 아니라 온 우주, 필설로 설명할 수 없는 엄청난 별들의 세계가 한 번도 혼란을 일으켜 서로 부딪친 일이 없습니다.

보이는 것과 보이지 않은 모든 것의 주인

"만물이 그에게서 창조되되 하늘과 땅에서 보이는 것들과 보이지 않는 것들과 혹은 왕권들이나 주권들이나 통치자들이나 권세들이나 만물이 다 그로 말미암고 그를 위하여 창조되었고"_ 골 1:16

만물이 다 예수님으로부터 창조되었다고 했습니다. 예수님은 참하나님이실 뿐만 아니라 창조주이십니다.

이것을 요한복음에서는 "만물이 그로 말미암아 지은 바 되었으니 지은 것이 하나도 그가 없이는 된 것이 없느니라"1:3고 표현합니다. 또 히브리서 기자는 "그로 말미암아 모든 세계를 지으셨"1:2고 "그의 능력의 말씀으로 만물을 붙드시며"1:3라고 했습니다. 골로새서도 "그가 만물보다 먼저 계시고 만물이 그 안에 함께 섰느니라"1:17고 말하고 있습니다.

예수님이 이 세상을 창조하셨고, 지금도 만물을 붙잡고 계십니다. 만물이 그분의 손에 있어 우주가 혼돈되지 않고 질서를 유지하고 있는 것입니다.

지구는 태양계에서 점밖에 안 될 정도로 작은데 태양계 자체도 전 우주에서 보면 아주 미세한 크기라고 합니다. 그렇게 작은 태양계에서 지구는 얼마나 작은지 아십니까? 태양에 구멍이 하나 있다고 합니다. 거기에는 지구를 1,200만 개 넣고, 달을 4,300만 개를 더 넣어도 충분한 공간이 남는다고 합니다. 지구에서 가장 가까운 별과의 거리가 3,000억 킬로미터이고 북극성만 해도 6,400억 킬로미터 떨어져 있고, 태양과 지구 사이에 중력의 크기는 3억 톤인데, 3억 톤은 지름이 48킬로미터인 강철 밧줄도 끊을 수 있는 힘이라고 합니다. 그런 힘이 작용하고 있는 지구에서 새들은 유유히 날아다니고 우리는 넘어지지 않고 걸어 다니는 것이지요.

이것을 어떻게 설명하겠어요? 아무 원인도 없이 그저 운행되고 있다는 것은 말도 안 되는 주장입니다. 창조주인 예수 그리스도께서 온 우주를 보존하시기에 가능한 일입니다. 예수님은 창조주가 되시되 눈에 보이는 피조물뿐 아니라 보이지 않는 것들, 즉 영계까지도 장악하고 계십니다.

오늘 이것이 얼마나 중요합니까? 만약 예수님이 우리를 붙잡지 않고 계시다면, 예수님이 온 우주를 장악하지 않고 계시다면 어떤 일이 벌어질지 상상이 됩니까? 지구와 태양이 조금만 가까워도 인간은 다 타서 죽습니다. 달과 조금만 가까워도 모두 얼어 죽습니다. 지구를 23.5도가 아니라 15도로만 기울여 놓아도 봄, 여름, 가을, 겨울이 없어집니다.

주님은 인간이 감히 상상할 수 없는 엄청난 능력으로 우주 만물을 주관하고 계시는 것입니다. 그분이 바로 우리를 위해 피 흘리시고 우리의 구주가 되셨으니 얼마나 기가 막힌 일입니까? 주님이 오늘도 우리의 호흡을 장악하고 계십니다. 그분이 우리의 주인이십니다. 우리 삶의 현재와 미래를 주님이 붙잡고 계십니다.

그분의 주인 되심을 인정하라

이 시대에 일어나고 있는 모든 문제의 원인은 예수님의 주권을 인정하지 않는 데서 기인합니다. "만물이 다 그로 말미암고 그를 위하여 창조되었"다고 했습니다. 이 원칙이 바로서야 합니다.

게놈 연구, 배아복제 등을 어떻게 봐야 합니까? 그것이 하나님으로부터 말미암은 것입니까? 과연 하나님을 위하는 것입니까? 우리는 어떤 일을 하기에 앞서 반드시 그것이 하나님을 위한 일인지 질문해 보아야 합니다. 과학이 아무리 발달해도 인간이 하나님을 대신할 수는 없습니다. 우리는 말씀에 입각해서 과학만능주의 세상에 명확한 기준과 원칙을 제시해야 합니다. 사탄의 교묘한 속임수에 꾀여 거짓으로 세워진 원칙들을 바로잡아야 할 것입니다. 그것이 바로 이 시대 크리스천에게 맡겨진 사명이라고 생각합니다. 우리는 세상과 소통하되 진리를 전파해야 할 의무가 있습니다.

그런데 세상에는 해로운 소통이 넘쳐납니다. 해로운 소통은 예수님의 주권을 인정하지 않는 데서 나옵니다. 온 우주의 질서를 만드시고 장악하시고 다스리시는 예수님의 권능을 인정하지 않으면 거짓 소통이 나올 수밖에 없습니다. 과학이 과연 온 우주를 창조하신 예수님의 질서를 다 설명할 수 있겠습니까? 그것은 손바닥으로 하늘을 가리려는 어리석음입니다.

창조주 되신 주님 앞에 온 교회가 겸손하게 그분의 주인 되심을 인정하고 주권을 올려 드리기를 바랍니다. 동시에 주님은 창조주이시기 때문에 법칙을 초월해 기적을 일으킬 수도 있고 은혜도 베풀어 주실 수 있다는 것을 받아들이십시오. 예수님께서는 유대 땅에 계시면서 앉은뱅이도 일으키시고, 눈먼 자도 뜨게 하시고, 죽은 자도 살리시고, 문둥병자도 고치셨습니다. 법칙을 만든 분은 법칙을 초월할 수도 있는 것입니다. 필요하다면 오늘 우리의 삶에도 기적을 베풀어 주실 것을 믿으시기 바랍니다.

07
몸인 교회의 머리이시다

'기불릭', 결코 타협할 수 없는 변질

종교다원주의 시대에 기독교는 도전을 받고 있습니다. 오늘날 키워드 중에 하나는 다양성과 개방성입니다. 세상 사람들은 기독교가 타종교에 대해 너무 배타적이라고 지적합니다. 그러나 우리가 타종교와 잘 지내야 한다고 해서 사람이 중심이 된 에큐메니즘, 범신론의 영향을 받아서는 안 됩니다.

개신교 목사가 초파일에 절에 가고, 불교계에서 크리스마스에 예수 탄생을 축하하는 플래카드를 내거는 것을 사람들은 칭송합니다. 정치인들 중에는 '기불릭교'가 생겨났습니다. 기불릭이 뭐냐고요? 기독교와 불교와 가톨릭을 합쳐 만든 말입니다. 선거 때만 되면 표를 얻기 위해 여기저기 기웃거리는 것을 말해요. 기불릭교가 비단 정치인뿐이겠습니까? 하지만 세상 사람들은 그렇게 행동하는 사람들을 상당히 문화적인 소양을 갖춘 사람으로 생각합니다. 너무도 혼돈스러운 시대가 되었습니다.

이런 시대에 교회는 어떻게 해야 합니까? 참된 연합이란 도대체 무엇일까요? 거기에 대해 골로새서는 이렇게 말합니다.

> "그는 몸인 교회의 머리시라 그가 근본이시요 죽은 자들 가운데서 먼저 나신 이시니 이는 친히 만물의 으뜸이 되려 하심이요"
>
> _골 1:18

예수 그리스도의 머리 되심, 예수 그리스도의 유일성은 결코 포기할 수 없는 복음주의 교회의 원칙입니다. 마틴 로이드 존스는 "기독교는 그리스도다. 기독교는 철학이 아니며 사실상 종교라고도 할 수 없다"고 했습니다.

우리가 세상과 소통할 때 결코 타협할 수 없는, 타협해서는 안 되는 부분이 바로 예수 그리스도의 유일성입니다. 복음의 진리는 결코 훼손되어서는 안 됩니다. 사람들의 비위를 맞추려고 그렇게 해서는 안 된다는 말이지요. 옛날에 우리는 자유주의 신학, 인본주의 신학, 성경을 성경으로 믿지 않는 신학에 대해서는 목숨을 걸었습니다. 그 사람들하고는 밥도 같이 먹어서는 안 되고, 결혼도 못하는 줄 알았어요. 그런데 한국 교회가 어느 순간 변질되어 버렸어요. 너무 안타까운 일입니다.

이런 변질된 진리, 훼손된 복음이 세상에 유통되고 있습니다. 세상 사람들은 그 유일성에 폐쇄된 종교라느니, 배타적이라느니, 독불장군 같이 고집스런 종교라는 등의 푯말을 붙여서 자기들끼리 돌려막고 있는 것입니다. 하지만 그들은 진짜 진리를 모릅니다. 세상을 창조한 유일하신 하나님을 이해하지 못합니다.

그리스도의 유일성에 있어서만큼은 절대 타협하지 않지만 사실 기독교는 다양성을 존중하고 연합을 강조합니다. 그러므로 세상 사람들이 주장하고 유통시키는 것은 거짓입니다. 그렇다면 하나님의 연합이란 무엇일까요?

몸의 하나 됨, 다양성, 연합

사도 바울은 골로새서 1장 18절에서 아주 독특한 표현을 쓰고 있습니다. 예수 그리스도는 교회의 머리이신데, 그것도 몸인 교회의 머리라고 했습니다. 교회를 몸으로 표현한 것은 바울의 놀라운 통찰력이고 성령께서 주신 독특한 신학적 개념입니다. 세상 사람이 말하는 폐쇄적이거나, 배타적이거나, 독불장군이 아닌 머리와 몸의 관계로 우리의 연합을 표현합니다. 정말 적절하고 타당한 표현이 아닙니까? 성령님이 주신 놀라운 통찰이 분명합니다.

예수님께서는 교회를 말할 때 다양한 표현을 사용했습니다. 교회는 가족이다, 교회는 하나님 나라의 왕국이다, 교회는 포도원이

다, 교회는 양의 우리다, 교회는 신부다 등으로 말입니다. 이것들은 모두 구약 시대와 연결되어 있습니다.

그런데 신약으로 와서 예수 그리스도의 몸이라는 독특한 개념을 말씀하십니다. 몸은 살아 움직여야 합니다. 죽은 조직체가 아니라 살아 움직이는 유기체가 되어야 한다는 말씀입니다. 몸으로서 교회가 그렇게 살아 움직여야 한다는 것이지요. 여기서 말하는 몸인 교회는 단순히 눈에 보이는 교회, 즉 우리가 섬기는 지역교회나 건물을 말하는 게 아닙니다. 보이지 않는 무형의 교회인 우리 자신도 포함되는 것입니다.

예수 그리스도가 몸인 교회의 머리가 되시기 위해서는 세 가지가 필요합니다. 고린도전서 12장에 그 답이 나와 있습니다.

첫째, 몸은 하나가 되어야 합니다. 하나 됨과 단순성을 가지고 있어야 합니다.

둘째, 몸은 다양해야 합니다.

셋째, 몸은 연합을 이루어야 합니다.

몸이 하나가 되어야 한다는 것은 무슨 뜻일까요? 만약 손이 나는 발이 아니니 몸에 속하지 않는다고 하거나 발이 나도 손이 아니니 몸에 속하지 않는다고 하거나 눈, 혹은 귀가 모두 몸에 속하지 않았다고 말한다면 이 몸은 어떻게 되겠습니까? 그 몸의 주인은 누구입니까? 그러므로 몸은 반드시 하나가 되어야 합니다.

그러나 동시에 몸은 다양해야 합니다. 몸에는 눈이 있고 코가 있고 입이 있습니다. 설교를 할 때 저는 입의 기능을 하게 됩니다.

주차장에서 주차 사역을 돕는 성도들은 교회의 손발의 기능을 하는 것입니다. 다양성 속에서 일치가 있어야 우리 몸이 제대로 움직입니다.

몸은 또 상호 연합해야 합니다. 머리 되신 예수 그리스도를 중심으로 연합하지 않고 각자 하고 싶은 대로 따로 논다고 가정해 보십시오. 뇌가 따로 논다면 아마 우리 몸은 경련을 일으킬 것입니다. 발과 손이 따로 놀고 눈이 한눈팔고 있다면 몸이 제 기능을 감당하지 못할 것입니다. 몸은 반드시 머리 되시는 예수 그리스도의 명령을 듣고 연합해야 합니다. 그것은 한 교회 내에서 예수 그리스도를 머리로 모시고 같이 순종하는 것을 말합니다.

신약에서 집을 지을 때 예수 그리스도가 교회의 머리가 된다고 했습니다. 특별히 예수 그리스도를 코너스톤, 즉 모퉁이 돌로 표현했습니다. 모퉁이 돌이라는 것은 집 근처의 구석에 있는 돌이라는 뜻이 아닙니다. 그것은 키스톤, 핵심이 되는 돌을 의미합니다. 아치형이나 돔식의 집을 지을 때 보면 핵심이 되는 돌이 있습니다. 그 돌을 중심으로 상호 연결시켜 집을 지어 나가는 것이지요. 그 핵심 되는 돌을 빼버리면 집이 무너지게 됩니다. 이처럼 예수 그리스도가 핵심이 되어서 몸은 서로 유기적인 관계를 맺습니다.

교회의 머리 예수 그리스도

예수 그리스도가 교회의 머리가 되는 것이 무슨 뜻인지 조금 더 자세히 살펴봅시다. 18절 후반부에 보면 "이는 친히 만물의 으뜸이 되려 하심이요"라고 했습니다. 교회가 예수 그리스도를 머리로 삼고 올바른 기능을 감당하며, 은혜의 피가 흘러 교회가 교회답게 제 기능을 발휘할 때 예수 그리스도가 친히 으뜸이 되신다는 겁니다.

그런데 가끔 머리 되신 예수 그리스도가 아니라 몸의 각 부분이 으뜸이 되려고 할 때 문제가 생기는 것 아닙니까? 손이 따로 놉니다. 발은 돌아서려고 하는데 손은 따귀를 올립니다. 모든 문제의 발단이 몸인 교회가 으뜸이 되려고 하는 것에서 나옵니다. 손이 으뜸이면 어떻게 되겠습니까? 발이 주인 되면 어떻게 되겠습니까? 엉뚱한 방향으로 가고 엉뚱한 행동을 하면 세상 사람이 어떻게 그 모습을 이해할 수 있겠습니까? 예수님이 교회의 으뜸이 되어야 합니다.

예수님이 으뜸이 되면 달라집니다. 눈에 보이는 유형 교회든 보이지 않는 무형 교회든 예수 그리스도가 머리 되어 친히 으뜸이 되시면 지역을 막론하고, 인종을 막론하고, 교회 사이즈를 막론하고, 교회가 참으로 하나님의 찬란한 영광을 선포하게 됩니다. 보이지 않는 하나님의 영광이 나타나게 되는 것입니다. 이 영광을 주시는, 친히 만물의 으뜸이 되게 하시는 하나님의 영광을 손수 체험할 수 있기를 바랍니다.

초대교회는 하나님의 영광을 위하여 박해를 받았습니다. 초대교회는 하나님의 영광을 위하여 고난도 받았습니다. 초대교회는 하나님의 영광을 위하여 희생도 당당하게 감수했습니다. 따라서 오늘 한국 교회가 교회의 영광을 회복한다는 것은 어떤 의미에서 찬란한 영광이 나타나는 것이 아니라 초대교회가 가졌던 그 희생, 그 헌신, 그 고난을 다시 회복해야 함을 의미할지도 모르겠습니다. 다시 한 번 그 초대교회의 머리 되신 예수 그리스도를 오늘 한국 교회의 머리 되게 해야 하지 않겠습니까?

소중한 것은 위로부터 주어진다

예수 그리스도는 참 하나님이시고, 예수 그리스도는 참 창조주이시며, 예수 그리스도는 교회의 참 머리이심이 확정될 때 우리는 19절을 선포할 수 있습니다.

"아버지께서는 모든 충만으로 예수 안에 거하게 하시고"

예수님 안에 모든 것이 다 들어 있습니다. 예수님 안에 모든 권세와 능력과 영광과 은혜가 다 들어 있다는 것입니다. 하늘과 땅의 모든 지혜와 지식과 부요함이 다 들어 있다는 것입니다. 골로새서 2장 3절을 보십시오.

"그 안에는 지혜와 지식의 모든 보화가 감추어져 있느니라."

예수 그리스도에 필적할 만한 경쟁자는 이 세상에 없습니다. 예수 그리스도와 경쟁할 만한 것은 천상천하에 그 어떤 것도 존재하지 않습니다.

예수님은 내가 살아 있는 동안에 내 생명이 되시며, 내가 죽을 때 내 죽음의 끝이 되시며, 가난할 때 내 부요함이 되시고, 병들었을 때 내 침대가 되시고, 광야를 건너갈 때 만나가 되시고, 어둠 속에 있을 때 별이 되시며, 밝음 속에 있을 때 나의 태양이 되십니다. 그분의 지혜는 나침반이며, 그분의 지식은 우리의 교훈이며, 그분의 능력은 우리의 방패요, 그분의 공의는 우리의 보증이며, 그분의 사랑은 우리의 위로요, 그분의 자비는 우리의 안위이며, 그분의 불변성은 우리의 신뢰가 됩니다.

오늘 이런 예수님 안에서의 충만이 우리에게 주어져야 합니다. 예수님께서는 요한복음 17장 22절에서 "내게 주신 영광을 내가 그들에게 주었사오니"라고 말씀하고 있습니다. 주님이 우리에게 주시는 영광을 얼마나 확인하고 있습니까? 어차피 우리는 죄인입니다. 우리는 주님 앞에 설 수 없는 존재입니다. 그런데 놀라운 것은 이 은혜를 깨닫고 보니 정말 소중하고 귀한 것은 위로부터 주어진다는 것입니다. 이것은 지식의 문제가 아니요, 의지의 문제가 아닙니다. 정말 소중하고 귀하고 영광스러운 것은, 예수님 안에 있는 충만은 위로부터 주어진다는 것입니다.

진정한 능력은 우리가 취하는 것이 아니라 우리의 전부이신 예수 그리스도께로부터 주어집니다. 인생에서 정말 중요한 것은 우리가 얻는 것이 아니라 위에서부터 주어집니다. 이 충만함을 모두가 받아 누리시기 바랍니다.

08

하나님의 화목 대사로 오셨다

돈 리처드슨 선교사가 쓴 『화해의 아이』Peace Child라는 책이 있습니다. 영화로도 만들어졌는데 선교학 분야의 필독서이기도 합니다.

이 책을 보면 인도네시아에 이리얀 자야라는 지역이 있는데 이곳과 붙어 있는 파푸아뉴기니에 사위 부족이 살고 있었습니다. 이 부족에게는 이상한 습관이 있었어요. 일정 기간 겉으로는 우정과 평화를 지속하다가 결정적인 순간이 되면 꼬투리를 잡아 배반하여 죽이고 그 시체를 먹는 것입니다. 그들은 이렇게 하는 것을 삶의 지혜이자 용기로 숭상했습니다. 그들은 살해하고 먹을 목적으로 희생자를 가짜 우정으로 살찌우는 것입니다. 그들이 베푸는 각종 친절과 호의는 결국 그 사람을 잡아먹기 위한 미끼일 뿐입니다.

영원하고도 완벽한 화해의 아이

돈 리처드슨 선교사는 1962년에 이곳에 부임해서 예수님을 전하다가 가룟 유다에 대해 이야기하게 되었습니다. 이야기를 듣던 사위 부족은 환호하며 가룟 유다를 칭송했습니다.

"이 사람이야말로 우리의 영웅입니다!"

그런데 사위 부족으로부터 배신당해 죽음에 처한 사람에게도 살아날 수 있는 유일한 길이 있었는데 그것은 피해 부족에서 한 아이를 사위 부족에게 화해의 아이peace child로 바치는 것이었습니다. 전쟁을 하다가 사로잡혀 잡아먹힐 상황이 되었을 때 그쪽 부족에서 화해의 아이를 바치면 그것으로 신뢰할 만하다고 해서 그 사람을 죽이지 않았던 것입니다. 그것은 물론 사위 부족도 마찬가지였습니다. 두 부족 간에 화해를 하는 길은 각 부족에서 가장 귀한 아이를 서로 화해의 아이로 주는 것이었습니다.

이 일을 알게 된 돈 리처드슨 선교사는 사위 부족에게 진정한 화해의 아이인 예수 그리스도를 소개했습니다.

"하나님께서는 인간인 우리와 화해하기를 원하셨습니다. 또한 사람들끼리도 서로 싸우지 않고 화해하기를 원하셨습니다. 그래서 싸움이 날 때마다 주어야 할 화해의 아이가 아니라 한 번에 영원한 평화를 세우기에 부족함이 없는 완전한 화해의 아이를 세우기로 결심하셨습니다. 그런데 문제가 생겼습니다. 화해의 아이로 누구를 선택할 것인가를 놓고 고민에 빠진 것입니다. 이 땅에 있는 사람을 선택하면 그것은 일시적인 것이 되고, 또한 불완전하기 때문입니다. 하나님께서는 결국 완벽한 화해의 아이로 자신의 아들 예수 그리스도를 선택했습니다."

리처드슨 선교사는 예수 그리스도께서 이 땅에 오셔서 우리 대신 피 흘려 죽으신 이야기를 했습니다.

"만약 화해의 아이를 상대방에게 주었는데 그 부족이 아이를 능멸하고 목숨을 앗아간다면 여러분은 어떻게 하시겠습니까? 그것을 알면서 누가 화해의 아이를 줄 수 있겠습니까? 그러나 하나님은 우리가 화해의 아이로 오신 예수 그리스도를 능멸하고 십자가에 못 박아 죽일 것을 알면서도 원수 되었던 우리에게 화해의 아이를 보내 주셨습니다. 하나님께서 우리를 정말 사랑하셨기 때문입니다."

복음을 듣고 나서 사위 부족의 족장은 이렇게 고백했습니다.

"당신의 말을 듣는 순간 내 속에 감동이 일어났습니다. 당신은 내 속의 열망을 불러일으켰습니다. 나는 하나님의 영원하고도 완전한 화해의 아이를 받아들이고 싶습니다."

가룟 유다를 지혜의 영웅으로 생각하던 그들에게 예수 그리스도가 새로운 완전한 화해의 아이가 된 것입니다. 이후 사위 부족은 식인의 습관을 버리는 등 잔인한 인습의 굴레에서 벗어나게 되었습니다. 배반의 영웅 가룟 유다가 더 이상 발붙이지 못하고 피비린내 나는 전쟁이 그치게 된 것입니다. 그리고 마침내 1972년, 사위 부족의 크리스천들이 하나님의 영광을 위해서 새로 교회를 지어 봉헌하게 되었습니다. 할렐루야!

사위 부족의 족장이었던 암휘는 이렇게 말했습니다.

"우리가 잔인하게 싸우면서 화해의 아이를 주고받던 일을 이제 더 이상 하지 않는 이유가 무엇인지 아십니까? 그렇게 하면 하나님이 기뻐하시지 않기 때문입니다. 그렇게 하면 하나님이 슬퍼하시는 것을 깨달았기 때문입니다. 만일 우리가 과거의 습관으로 다시 돌아간다면 하나님께서는 우리에게 이렇게 말씀하실 것입니다. '예수 그리스도라는 내 완벽한 화해의 아이가 너희들에게 불충분하더냐? 예수 그리스도라는 선하고도 완벽한 화해의 아이가 너희들에게 진정 불충분하다는 말이냐?' 그 도전 때문에 우리는 더 이상 그렇게 살 수가 없습니다."

분열은 마귀의 전공

그렇습니다. 예수 그리스도는 당신의 몸을 드려 우리를 하나님과 화목케 하셨습니다. 바울은 골로새서에서 이렇게 말하고 있습니다.

"그의 십자가의 피로 화평을 이루사 만물 곧 땅에 있는 것들이나 하늘에 있는 것들이 그로 말미암아 자기와 화목하게 되기를 기뻐하심이라 전에 악한 행실로 멀리 떠나 마음으로 원수가 되었던 너희를 이제는 그의 육체의 죽음으로 말미암아 화목하게 하사 너희를 거룩하고 흠 없고 책망할 것이 없는 자로 그 앞에 세우고자 하셨으니 만일 너희가 믿음에 거하고 터 위에 굳게 서서 너희 들은 바 복음의 소망에서 흔들리지 아니하면 그리하리라 이 복음은 천하 만민에게 전파된 바요 나 바울은 이 복음의 일꾼이 되었노라"_ 골 1:20-23

이 구절의 핵심은 화목입니다. 예수님께서는 무엇을 화목케 하셨습니까?

주님은 이 땅에 오셔서 마귀가 가진 모든 작전들과 세력들을 포박하시고 진멸하셨습니다. 마귀가 쓰는 작전은 분열시키고 이간하고 상처주고 담을 쌓는 것입니다. 마귀가 제일 잘하는 것은 분열시키는 것입니다. 그것은 마귀의 전공이라 할 수 있습니다. 잘 아는 대로 창세기 3장을 보면 마귀가 하나님과 사람 사이를 분열시켰습니다. "과연 선악을 알게 하는 나무를 따먹지 말라 하더냐?" 하면서 사람의 마음을 꾀어서 하나님을 대적하게 만들었습니다. 하나님과 사람 사이의 관계를 단절시킨 것입니다.

그뿐이 아닙니다. 부부 사이도 분열시켰습니다. 그렇게 아끼던 아내 이브에게 아담이 뭐라고 합니까? '저 여자 때문에'라며 핑계를 대고 손가락질하며 비난하게 했습니다. 지금도 마귀는 수많은 가정을 깨뜨리고 있습니다. 부부 사이에 전쟁이 일어나 나중에 죽느니 사느니 할 때 그 배후를 보아야 합니다. 영적 문제로도 생각을 해봐야 하는 것입니다.

마귀는 형제 사이도 이간했습니다. 가인에게 시기와 질투의 마음을 주어 동생 아벨의 피를 흘리게 하고 살인하게 했습니다. 마귀는 또 남북을 분단시켰습니다. 남북을 미국이 어떻게 했다, 러시아가 어떻게 했다는 차원이 아니라 영적 문제로 보면 마귀의 작전이 있는 것입니다. 남북의 문제는 이런 차원에서 복음의 신비함 가운데 하나님이 길을 열어 주셔야만 해결될 수 있습니다.

예수 안에서는 모두 하나다

하나님께서 사탄의 전략을 깨부수고 어떻게 화목케 하셨는가를 우선 전체적으로 보겠습니다.

> "너희는 유대인이나 헬라인이나 종이나 자유인이나 남자나 여자나 다 그리스도 예수 안에서 하나이니라"_ 갈 3:28

예수님께서 화목케 하시는 일을 통해서 어떤 일이 벌어졌습니까? 도저히 합쳐질 수 없는, 도저히 하나 될 수 없는, 완전히 분리된 세 부류가 하나가 되었습니다.

첫째, 헬라인과 유대인을 하나로 만들었습니다. 유대인들은 자기들을 나실인이라 생각했고, 헬라인들이나 다른 모든 사람들은 이방인이라고 생각했습니다. 이방인들을 지옥의 땔감 정도로 생각하고 완전히 담을 쌓았습니다.

그런데 도저히 하나 될 수 없는 이들을 예수님께서 하나 되게 하셨습니다. 사도행전 10장을 보면 베드로가 고넬료 집에 갔다가 깜짝 놀랐습니다. 이방인인 고넬료가 예수를 믿고 그에게 성령이 내리는 것을 본 것입니다. 예수님께서는 인간으로서는 도저히 불가능할 것 같은 두 부류를 하나로 만드셨습니다.

둘째, 종과 자유인을 하나 되게 하셨습니다. 그 당시 종은 숨 쉬는 짐승에 불과했습니다. 자유인은 귀족들이었습니다. 귀족들은 오늘날도 그 차원을 따라가기 힘들 정도로 거의 신처럼 살았습니다. 그러나 종들은 너무 비참하고 그야말로 짐승처럼 살았습니다. 그런데 골로새서 3장에 나오지만 그리스도의 화목되심으로 말미암아 종과 주인을 하나로 묶어 주신 것입니다.

셋째, 남자와 여자를 하나로 만들었습니다. 그 당시의 여자들은 이름도 제대로 없었습니다. 우리나라도 과거에는 그랬잖아요. 그냥 김씨, 박씨라고 부르거나 기껏해야 간난이 등으로 불렀습니다. 지금도 아랍 지역에 가면 여자들은 차도르를 쓰고 눈만 퀭하니 뜨고 있는 것을 볼 수 있습니다. 이처럼 남자와 여자는 완전히 분리되어 있었습니다. 그러나 예수님은 남자와 여자도 하나 되게 하셨습니다.

도저히 합치될 수 없는 부류를 그리스도의 화목되심으로 말미암아 하나로 만들어 주신 역사, 그것이 화목케 하셨다는 과거동사에 내포된 의미임을 믿으십시오. 성경은 계속해서 하나님의 화목

사상을 말하고 있습니다. 우리와 하나님을 화목하게 하는 것은 찬송가에도 나오듯 오직 예수 그리스도의 피밖에 없습니다. 다른 그어떤 것도 없습니다.

'아포카탈라소'

여기에 나오는 '화목'이란 단어는 어떤 뜻입니까? 헬라어로 화목이란 '카탈라소'입니다. 카탈라소라는 말은 고린도후서 5장과 로마서 5장에 등장합니다. 거기에 하나님과 원수 되었던 사이를 복음으로 하나 되게 하신다는 내용이 나오는데 그때 이 단어를 사용했습니다.

골로새서에 나오는 화목이라는 단어는 카탈라소 앞에 전치사가 붙은 '아포카탈라소'입니다. '아포'라는 말은 헬라어로 '다시'라는 뜻이에요. 카탈라소의 본래의 뜻은 '화해하다, 변화하다, 교환하다'인데 골로새서 1장 20절 이하에 쓰인 아포카탈라소는 여기에 다시라는 말을 붙여 '철저히 화해되다, 전적으로 화해되다, 완전히 화해되다'라는 강세와 강조를 하고 있는 단어라고 할 수 있습니다.

이것은 카탈라소만 썼던 로마 교회나 고린도 교회와 달리 골로새 교회가 극렬한 이단의 공격과 잘못된 이단 사상으로 어려움을 겪고 있었기 때문입니다. 예수 그리스도가 정말로 완전하고 철저하고 완벽하게 화해시켜 주시는 분임을 강조하지 않으면 안 될 정도로 심각했다는 것이지요. 당시 이단의 공격이 얼마나 대단했는지 뒤에서 다루겠지만 바울은 지금 절박한 심정으로 예수 그리스도가 우리를 완전히 화해시키는 분임을 힘주어 말하고 있는 것입니다.

그 당시에 플라톤의 영향을 받은 영지주의자들이 있었습니다. 그들은 예수 그리스도께서 육신으로 이 땅에 오시고 십자가에서 피 흘리심으로 하나님과 원수 되었던 우리를 화목케 하셨다는 것을 믿지 않았습니다.

"그런 것이 어디 있습니까? 육체로 온 것이 어떻게 선할 수가 있겠습니까? 육은 악한 것이고 영은 선합니다. 따라서 천사들의 숭배 같은 특별한 것이 필요합니다."

영지주의자들은 이렇게 주장하며 그리스도의 화목 사상을 깨뜨리려고 했습니다. 이에 대해 바울은 강력하게 "아니다. 예수 그리스도는 아포카탈라소가 된 것이다. 그분은 하나님과 우리 사이에 완벽한 화해자가 되셨다"고 말했습니다.

우리가 안정이 안 되고 답답하고 짐이 있고 고통스러운 이유가 무엇입니까? 예수 그리스도가 하나님과 우리 사이에 완벽한 화목자가 되었다는 사실을 기억한다면 오늘 우리의 모든 짐이 벗겨지리라 믿습니다.

하나님과의 화목을 회복하라

그렇다면 화목이 필요한 이유는 무엇일까요? 21절은 이렇게 설명합니다.

"전에 악한 행실로 멀리 떠나 마음으로 원수가 되었던 너희를"

여기에서 두 가지를 발견할 수 있습니다. '악한 행실'이라는 말과 '마음으로 떠나 원수가 되었다'는 것입니다. 우리는 본래 마음으로 하나님을 떠나 악한 행실을 저질렀습니다. 흔히 행실의 문제를, 겉으로 드러난 결과만 보고 얘기하는 경우가 많은데 사실은 그 결과가 마음에서 비롯된 것 아니겠어요? 우리가 겉으로 사고를 안 칠 뿐이지 마음이 얼마나 복잡하고 힘듭니까?

그리스도의 화목됨이 필요한 까닭은 마음으로 하나님과 원수되었던 것들을 정리하고 그에 따라 악한 행실이 해결되기를 바란다는 차원입니다.

로마서 1장 28-31절을 보면 수많은 범죄와 죄악이 나옵니다.

"또한 그들이 마음에 하나님 두기를 싫어하매 하나님께서 그들을 그 상실한 마음대로 내버려 두사 합당하지 못한 일을 하게 하셨으니 곧 모든 불의, 추악, 탐욕, 악의가 가득한 자요 시기, 살인, 분쟁, 사기, 악독이 가득한 자요 수군수군하는 자요 비방하는 자

요 하나님께서 미워하시는 자요 능욕하는 자요 교만한 자요 자랑
하는 자요 악을 도모하는 자요 부모를 거역하는 자요 우매한 자
요 배약하는 자요 무정한 자요 무자비한 자라"

왜 이렇게 되었습니까? 이 시대는 마음을 잃어버린 세대lost
generation입니다. 마음을 잃어버리니 합당치 못한 악한 행실이 나타
나는 것이지요. 수많은 시기, 악독, 사기, 살인, 탐욕, 추악, 불의가
나타나는 이유는 바로 우리 마음속에 하나님 두기를 싫어하기 때
문입니다.

마음의 범죄와 악한 행실을 해결하기 위해서는 하나님과 우리
사이에 화목자가 필요합니다. 예수님이 바로 그 화목자가 되십니
다. 그분이 우리의 주인이십니다. 주님이 우리의 모든 것을 관할하
고 계십니다. 그런데 주님과의 관계에서 내 마음이 불편하면 어떤
일이 벌어집니까? 안정이 있겠어요? 삶의 보람이 있겠어요? 삶의
의미를 찾을 수 있겠습니까?

"목사님, 저는 하나님과 원수 되지 않았어요. 저는 하나님과의
관계가 괜찮아요."

간혹 이렇게 말하는 사람들이 있을지 모르겠습니다. 그들에게
저는 되묻고 싶습니다.

"하나님과의 관계가 괜찮다면 왜 그렇게 허무를 많이 느끼십니
까? 나이가 들면 들수록 예수를 믿어도 하나님과의 관계가 괜찮다
면 왜 그렇게 삶의 보람을 못 느끼십니까? 왜 그렇게 답답해하세

요? 왜 그렇게 불안해하고 삶에 대한 회의감에 빠져듭니까? 왜 그렇게 스트레스를 받고 우울증 증세가 있는 것입니까?"

이 모든 것이 하나님과 화목되지 못했기 때문이라는 사실을 알아야 합니다. 그리스도 안에 있으면서도 마음이 안정되지 않고 노이로제 증상으로 힘들어하는 사람들이 있습니다. 병원에 가도 해결이 안 됩니다. 그 이유는 하나님과의 관계가 잘못되었기 때문입니다. 하나님과 멀리 떨어져 소통하지 않기 때문입니다.

잘못된 하나님과의 관계가 회복되기를 바랍니다. 하나님과 소통하시기 바랍니다. 그래서 하나님과 소통하고 화목된 삶의 지혜를 얻은 사람들은 우선순위가 분명합니다. 예수님을 안 믿는 사람들은 하나님과 원수 된 것을 풀어야 하겠고, 이미 믿은 사람들은 하나님께로부터 멀어진 마음을 회복해야 합니다. 인생의 최우선순위는 하나님과 소통함으로써 잘못된 관계를 회복하는 것입니다. 이것이 안 되면 아무리 세상에서 화려한 인생을 구가하고 대단한 위치에 있다고 하더라도 그 사람은 어리석은 사람입니다. 왜냐하면 가장 중요한 것, 가장 근본적인 문제가 해결되지 않았기 때문입니다.

하나님과의 잘못된 마음의 관계, 악한 행실이 예수 그리스도의 화목케 하시는 은혜로 말미암아 모두 해결되기를 바랍니다.

화목의 세 가지 열매

골로새서 1장 22절에서는 화목의 결과를 세 가지로 말씀합니다.

> "이제는 그의 육체의 죽음으로 말미암아 화목하게 하사 너희를
> 거룩하고 흠 없고 책망할 것이 없는 자로 그 앞에 세우고자 하셨
> 으니"

첫째로는 그리스도의 화목케 하심으로 우리는 거룩한 존재가
되었습니다. 이 말은 모든 죄로부터 깨끗하게 되었다는 것입니다.
이것은 하나님과의 관계입니다.

둘째로 우리는 흠 없는 자가 되었습니다. 결점이 없고 완전무결
해졌다는 뜻입니다. 이것은 우리 자신과의 관계입니다. 우리가 자
신을 볼 때 늘 부족하고 죄송하고 안타깝지 않습니까? 그런데 예
수 그리스도의 피 흘리신 은혜 때문에 우리는 흠이 없는 존재가
되었습니다. 자신을 볼 때 인간적으로 바라보는 것이 아니라 예수
그리스도의 피를 통해 자신을 볼 수 있는 안목을 갖기 원합니다.

셋째로는 책망할 것이 없는 사람이 된 것입니다. 나무랄 데가 없
고 결백하다는 뜻입니다. 우리가 어떻게 스스로 결백하겠어요. 하
지만 하나님께서 책망할 것이 없는 사람이 되게 해주셨습니다. 책
망할 것이 없다는 것은 이웃과의 관계에서 주시는 화목의 결과입
니다.

하나님께서는 화목의 열매로 하나님과의 관계를 거룩하게 하시고, 자기 자신 앞에서 부끄럽지 않게 하시고, 이웃과의 관계에서 흠이 없도록 만들어 주셨습니다. 이 은혜 때문에 우리는 하나님을 예배할 수 있는 것입니다. 우리는 본래 예배드릴 수 없는 존재였습니다. 우리는 도저히 주님 앞에 설 수 없는 존재였습니다. 하지만 주님께서 우리를 불쌍히 여겨 주심으로 말미암아 흠 없는 존재로, 거룩한 존재로, 책망할 것이 없는 존재로 만들어 주셔서 주님을 찬양할 수 있게 된 것입니다.

이 은혜를 예외 없이 모두가 다 받아 누리기를 바랍니다.

하나님의 화목 대사

"만일 너희가 믿음에 거하고 터 위에 굳게 서서 너희 들은 바 복음의 소망에서 흔들리지 아니하면 그리하리라"_골 1:23

바울은 하나님과 화목하게 된 우리에게 복음의 소망에서 흔들리지 말라고 권면합니다. 이것을 잘 이해할 수 있도록 누가복음 8장 13절은 이렇게 썼습니다.

"바위 위에 있다는 것은 말씀을 들을 때에 기쁨으로 받으나 뿌리가 없어 잠깐 믿다가 시련을 당할 때에 배반하는 자요"

씨 뿌리는 비유를 잘 아실 것입니다. 옥토에도 떨어지고 길가에도 떨어지고 가시밭에도 떨어지는데 흔들리는 사람은 바위 위에 씨가 떨어진 것과 같습니다. 바위 위에 떨어진 사람은 말씀을 들을 때에 기쁨으로 받습니다. 그런데 뿌리가 없어 잠깐 믿다가 시련을 당할 때에 배반하는 사람들입니다. 예를 들어 데마와 같은 사람입니다. 한때는 바울과 동역하며 큰소리치다가 나중에는 배반하고 세상을 사랑하여 도망갔습니다. 또 누가 있습니까? 가룟 유다입니다. 그는 예수님의 제자였지만 마지막에는 배반하고 예수님을 팔아먹었습니다. 오늘 화목케 하는 사상, 골로새서가 주는 핵심 사상을 마음속에 흔들림 없이 잘 간직하십시오.

또 하나, 화목한 사람이 해야 할 일은 무엇입니까?

"이 복음은 천하 만민에게 전파된 바요 나 바울은 이 복음의 일꾼이 되었노라"_골 1:23

복음의 일꾼이 되어야 합니다. 화목과 연결된 복음의 일꾼이라는 것이 어떤 뜻인지 구체적으로 설명하겠습니다.

"모든 것이 하나님께로서 났으며 그가 그리스도로 말미암아 우리를 자기와 화목하게 하시고 또 우리에게 화목하게 하는 직분을 주셨으니 곧 하나님께서 그리스도 안에 계시사 세상을 자기와 화목하게 하시며 그들의 죄를 그들에게 돌리지 아니하시고 화목하게 하는 말씀을 우리에게 부탁하셨느니라 그러므로 우리가 그리스도를 대신하여 사신이 되어 하나님이 우리를 통하여 너희를 권면하시는 것 같이 그리스도를 대신하여 간청하노니 너희는 하나님과 화목하라"_ 고후 5:18-20

복음의 일꾼이 되라는 말은 우리가 화목의 은혜를 받은 사람이라면 화목케 하는 직분을 수행해야 한다는 것입니다. 화목하게 하는 직분은 무엇입니까? 그것은 화목하게 하는 말씀을 우리가 같이 나누는 것입니다. 이는 그리스도를 대신하여 사신使臣이 된다는 것, 곧 예수 그리스도의 대사가 된다는 뜻입니다.

당시 로마제국 안에는 두 영토가 있었습니다. 하나는 원로원에 속한 영토였고, 또 하나는 황제의 직속 영토였습니다. 원로원에 속한 영토는 안전하고 평안한 곳으로 군대가 진입할 필요가 없는 안전 지역이었습니다. 국경선 안에 깊이 들어와 있었기 때문에 좋았습니다. 반면 황제가 직영하는 영토는 전쟁의 위험이 상존하는 곳이었습니다. 황제는 그 영토를 제대로 다스리고자 분쟁과 갈등이 있는 곳에 황제 직속 대사와 총독들을 보냈습니다. 군대를 파견했습니다.

골로새서에서 말하는 대사라는 말이 바로 이런 뜻입니다. 오늘날 부부 사이에, 세대와 계층 간에, 동서와 남북 간에 분쟁과 갈등이 있지 않습니까? 나라와 나라 간에도 마찬가지이고요. 총성이 없더라도 어떤 면에서 이 세상은 전쟁터가 아니겠습니까? 주님은 그곳에 우리를 화목케 하는 대사로 보내셨습니다. 대사로서의 품위와 위엄을 갖추고 그 직분을 온전히 감당하십시오. 설령 어려운 형편에 처해 있다 할지라도 화목케 하는 직책을 잘 감당할 수 있도록 힘을 주시고 붙잡아 달라고 주님께 기도하십시오. 모든 어둠이 물러갈 것입니다. 모든 짐이 벗겨질 것입니다. 우리는 예수 그리스도의 화목 대사입니다.

> 우리가 지금은 나그네 되어도 화려한 천국에 머잖아 가리니
> 이 세상 있을 때 주 예수 위하여 끝까지 힘써 일하세
> 주 내게 부탁하신 일 천사도 흠모하겠네
> 화목케 하라신 구주의 말씀을 온 세상 널리 전하세
> _ 새찬송가 508장

　우리 모두가 화목케 하라고 부탁하신 주님의 말씀을 전하는 이 시대의 아름다운 대사들이 되기를 소원합니다.

09
비밀의 영광, 영광의 소망이시다

고질적 영적 피로증후군

하나님의 말씀은 살아 있고 운동력이 있습니다. 똑같은 말씀이라도 어떤 말씀은 그냥 기록된 말씀으로 그칠 수가 있고, 어떤 말씀은 지금 내게 살아서 역사하는 말씀이 되기도 합니다. 제게도 하나님이 살아 있는 말씀으로 다가온 계기가 있었습니다.

몇 년 전에 지나간 사역들을 점검하며 자료를 정리하다가 과거 대학부 사역을 할 때 메모해 놓은 글을 발견했습니다. 아는 분도 있겠지만 저는 일찍 사역을 시작했습니다. 만 스물세 살이 조금 넘어서 당시 장로교단에서는 큰 규모의 대학부라고 할 수 있는 모임을 섬기게 되었습니다. 참 열심히 했습니다. 쉬는 날도 없이 형제들과 함께 훈련하고 공동체 생활을 했습니다. 휴일에도 수양회를 하며 훈련할 정도였습니다. 남들은 토요일 오후에 캠퍼스의 낭만을 얘기하며 즐겼지만 저는 낭만의 니은ㄴ도 모른 채 주말 오후에 리더십 훈련을 하며 시간을 투자했습니다. 그야말로 젊음을 다바쳤습니다.

겉으로 보기에 대학부는 잘 자랐습니다. 하지만 속으로는 갈등이 있고 영적인 암투 같은 것이 있었습니다. 영파가 있고, 지성파가 있고, 큐티파가 있고, 기도파가 있었습니다. 기도파는 수양회를 가면 밤늦게까지 기도해야 한다고 하고, 큐티파는 왜 늦게까지 기도하느냐고 일찍 자고 일찍 일어나서 큐티해야 한다며 갈등이 있었습니다.

또 저보다 나이 많은 누님과 형님들을 섬기려니 제한된 능력에 힘이 부쳐 그야말로 쓰러지기 일보 직전이었습니다. 남들이 볼 때는 지칠 줄 모르고 힘 있게 일하는 것처럼 보였습니다. 그 당시에 썬파워라는 이름의 건전지가 있었는데 사람들이 날더러 썬파워, 열정의 사나이라고 부를 정도로 열심히 했습니다.

그렇지만 제 마음은 의기소침하고 낙심하고 심령이 부서지기 직전이었습니다. 남들보다 더 많이 뛰고 일했는데 마음이 병들고 지쳐 있었던 것입니다. 그러던 어느 날 밤 주님께 이런 기도를 올렸습니다. 그게 메모가 되어 있었습니다.

"주님, 저는 더 이상 이런 상태에서 사역을 못하겠습니다. 주님, 이런 식으로 힘든 사역을 할 바에는 차라리 저를 그만두게 하시든지 아니면 제게 어떤 빛을 보게 해주십시오. 저는 지금 제 사역에 관한 한 절망적이고, 의기소침해 있고, 낙심하며, 도무지 감당해낼 수가 없습니다. 뭔가 빛을 던져 주십시오. 주님, 제가 주님의 은혜의 빛에 굶주려 있음을 고백합니다. 저의 영혼은 바싹 마른 우물과 같습니다. 저는 지금 새롭고 신선한 샘물과 생수가 없으면 사역할 수가 없습니다. 제 굶주린 심령이 주의 말씀을 사모합니다. 주님, 제게 뭔가 나타내 주지 않으시면 저는 더 이상 사역할 수 없습니다."

밤늦게까지 울면서 기도하다가 지쳐 잠이 들었습니다. 그 메모를 읽다가 문득 이런 생각이 떠올랐습니다.

'그때 내가 영적 피로 증세를 느꼈던 거구나.'

이는 비단 특정 사역자들에게만 해당되는 것이 아닙니다. 교회의 여러 섬김의 자리에서 봉사하는 일반 성도들 가운데서도 처음의 열정과 기쁨은 사라진 채 장기간의 영적 수고와 헌신으로 피로하고 영적인 정체 상태에 짓눌려 있는 사람들이 있을 것입니다. 열정은 타다가 까맣게 변한 장작처럼 꺼져 버리고, 온몸 가득하던 열정이 영혼의 통증으로 바뀌어 버린 것입니다. 이런 상태를 한마디로 표현한다면 고질적인 '영적 피로증후군 증세'라고 할 수 있습니다.

당신은 어떻습니까? 미소를 짓고 인사를 주고받으면서 겉으로는 멀쩡해 보이지만 속으로는 옴짝달싹 못하고 있지는 않습니까? 영적인 통증을 느끼며 메마른 삶을 살고 있는 사람은 없습니까? 이런 답답함을 치유할 길은 없을까요?

영광의 소망 예수 그리스도

아무튼 울며 기도하다 잠이 들었고, 다음날 새벽 눈을 떠서 성경을 펼쳤습니다. 그때 읽은 말씀이 바로 골로새서 1장 24-27절이었습니다. 수도 없이 읽었던 말씀이었지요. 그런데 그날따라 이 말씀이 한 번도 읽어본 적이 없는 것처럼 느껴졌습니다. 말씀이 내 심장을 내리치는 것 같았습니다. 내 마음을 울리는 큰 나팔소리처럼 들렸습니다. 그중에 특히 27절 말씀이 확성기처럼 들려왔습니다.

> "하나님이 그들로 하여금 이 비밀의 영광이 이방인 가운데 풍성한 것을 알게 하려 하심이라 이 비밀은 너희 안에 계신 그리스도시니 곧 영광의 소망이니라"

그 순간 하나님께서는 이렇게 말씀하셨습니다.

"너 피곤하냐? 지쳐 있느냐? 영적 피로 증후군에 붙잡혀 꼼짝 못하고 있느냐? 그것을 돌파할 수 있는 길이 있다. 그것은 바로 네 속에 계신 예수 그리스도다!"

메마르고 좌절 가운데 있던 내 영혼은 순식간에 살아났습니다. 어둠이 가시고 빛을 보기 시작했습니다. 사역에 있어서 무한한 금광맥을 지닌 영적 보물지도를 발견한 느낌이었습니다. 단순히 기록된 말씀이 아니라 나를 살리고 움직이게 하는 살아 있는 말씀이었습니다.

27절에서 저는 세 가지를 발견했습니다. 우선 예수 그리스도가 내 안에 살아 계신다는 것입니다. 물론 그전에도 알았습니다. 그러나 그날 머리가 아닌 내 심령에 다가온 진리였습니다. 예수님이 내 안에 계신다는 말은 내가 예수님 속에 폭 빠졌다는 말입니다. 두 번째는 내 안에 계신 예수 그리스도가 세상 사람들이 알지 못하는 비밀이라는 것이었고, 세 번째는 비밀인 예수 그리스도가 영광의 소망이라는 것이었습니다. 그리고 나도 모르게 하나님의 모든 것은 예수님 안에 있고, 예수님의 모든 것은 내 안에 있고, 내 안에 살아 계시는 예수 그리스도가 바로 그 영광의 소망이 된다는 게 깨달아졌습니다.

그 순간 제 자아가 깨어지기 시작했어요. 제 속에 있는 어떤 것들이 무너지기 시작하고, 정리되기 시작했습니다. 제 자아가 깨어지니까 내 재능과 내 실력과 내 능력으로 주님을 섬기는 것이 아니라 주님이 나를 깨뜨리셔서 내 속에서 내 대신 일하시기 시작한 것입니다. 그때부터 사역의 길이 열리기 시작했어요. 죽고 싶을 정도로 침체된 상황이었는데 주님이 내 속에서 일하기 시작하니까 내 마음속에 사역의 창조성, 사역의 신선함, 사역의 모험심들이 거대한 파도처럼 밀려오기 시작한 것입니다.

그리고 이런 은혜를 경험하게 되니 내가 잘하지 못하고 부족해도 강단에서 말씀을 전하면, 뭔가 잡히지 않아 힘들어하던 모태신앙인들과 같은 이들이 마음을 새롭게 하고 변화되고, 명목상의 그리스도인들이 바뀌기 시작하고, 젊은이들의 모임이 새로워지고,

대학부도 새로운 은혜의 날개를 달고 자라기 시작했습니다. 할렐루야!

비밀의 영광을 깨닫는 자가 되라

간증은 여기서 마치고 골로새서로 돌아가 1장 26-27절을 좀 더 구체적으로 분석해 보겠습니다.

> "이 비밀은 만세와 만대로부터 감추어졌던 것인데 이제는 그의 성도들에게 나타났고 하나님이 그들로 하여금 이 비밀의 영광이 이방인 가운데 풍성한 것을 알게 하려 하심이라 이 비밀은 너희 안에 계신 그리스도시니 곧 영광의 소망이니라"

예수 그리스도에 대해 26절에서는 '비밀'이라고 했습니다. 27절 앞부분에서는 '비밀의 영광'이라고 했고, 뒷부분에서는 '영광의 소망'이라고 했습니다.

'비밀, 비밀의 영광, 영광의 소망.'

말이 참 어렵지요? 이것은 마치 음악 부호 가운데 크레셴도처럼 점점 더 커지고 점점 더 깨닫게 되는 것입니다.

왜 비밀이라고 했을까요? 첫째, 우리가 가진 인간적인 사고방식, 육적인 흐름으로는 도저히 알 수 없기 때문입니다. 이것은 하나님께서 영의 눈을 열어 주셔야만 알 수 있는 것이기에 비밀이라고 말씀한 것입니다.

바울은 이것을 고린도 교회에게는 감추었던 것, 쉽게 깨달을 수 없는 것이라고 했습니다. 이것은 금강산에 들어가서 도를 닦고, 억만금을 갖다 바쳐서 되는 것이 아니라 오직 성령께서 마음에 빛을 비춰 깨닫게 하실 때 비로소 알게 되는 진리입니다. 그래서 마가복음 4장 11절을 보면 하나님 나라의 비밀, 이 비밀을 너희들에게는 가르쳐 줬지만 외인들에게는 비유로만 놔두어서 잘못 깨닫는다고 했습니다.

고린도전서 2장 14절은, "육에 속한 사람은 하나님의 성령의 일들을 받지 아니하나니 이는 그것들이 그에게는 어리석게 보임이요 또 그는 그것들을 알 수도 없나니 그러한 일은 영적으로 분별되기 때문이라"고 기록하고 있습니다.

잘 보십시오. 육에 속한 사람은 깨닫지 못합니다. 영적으로 어두운 사람은 아무리 말을 해도 무슨 말인지 알아듣지 못합니다. 이런 일은 반드시 영적으로라야 깨닫고, 영적으로라야 분별할 수가 있는 것입니다.

오늘 성령께서 당신의 마음을 열어주시기를 바랍니다. 그래서 예수 그리스도가 비밀이요, 비밀의 영광이요, 그 영광의 소망인 것을 알게 해주시기를 원합니다. 그 소망이 마음속에 물 붓듯 임하기를, 그래서 다른 어떤 것에도 마음을 빼앗기지 않고 영원한 소망 되신 예수 그리스도만 바랄 수 있게 되기를 축원합니다.

이것이 비밀인 두 번째 이유는 26절에 나와 있습니다.

"이 비밀은 만세와 만대로부터 감추어졌던 것인데"

만세萬世라는 말은 소위 'ages', 즉 '여러 시간들을 거쳐서'란 뜻으로 시간에 관한 것입니다. 또 만대萬代라는 말은 'generation', 즉 '아주 오랜 세대를 거쳐서'란 뜻으로 사람에 관한 것입니다. 그러니까 아주 오랫동안 오랜 세대 가운데 예수 그리스도가 영광의 소망이라는 사실이 사람들에게 감추어졌다는 말입니다.

지금이야 뭐가 감추어졌나 하지만 복음이 전혀 미치지 않는 곳을 한번 상상해 보세요. 타종교에 완전히 휩쓸려 있는 사람들에게 예수 그리스도가 어떻게 깨달아지겠어요. 기독교적 영향이 전혀 없는 사람들에게 이것은 실로 엄청난 비밀이 아니겠습니까?

특히 구약 시대에 살던 성도들, 유대교만 신봉하던 사람들에게는 예수 그리스도가 대단한 비밀이었을 것입니다. 그들에게는 성육신으로 오시는 그리스도가 큰 비밀이었어요. 또 에베소서 5장을 보면 신랑 되신 예수께서 다시 오실 때 교회가 예수의 신부라고 했는데 그것도 비밀이에요. 재림의 영광도 비밀이에요. 휴거의 영광도 비밀이에요. 교회도 비밀입니다.

그러니 만세와 만대에 걸쳐서 비밀이던 것이 우리에게 깨달아졌다는 사실이 얼마나 엄청난 것인지 실감이 나십니까? 이것을 알게 하신 주님께 감사하십시오. 이것이 깨달아지는 순간 예수 그리스도가 비밀의 영광이 되고, 비밀의 소망이 되는 줄을 마음에 확증하십시오.

그리고 이 비밀, 비밀의 영광, 영광의 소망이 예수 그리스도라는 것이 깨달아진 사람은 이제 그것을 세상으로 흘려보내야 하지 않겠습니까? 성령님께서 하시는 역사에 함께 쓰임 받기를 간절히 소망합니다.

05 모든 피조물보다 먼저 나셨다

예수 그리스도는 참 하나님이십니다. 그분은 보이지 않는 하나님의 형상이요, 영광의 광채시요, 모든 피조물보다 먼저 나신 이입니다. 그분은 육신을 입고 우리 가운데 거하셨으며 장자권과 상속권을 가지셨습니다. 그분은 우리 소통의 내용이요 주제이십니다.

예수 그리스도는 어떤 분입니까? 왜 그분이 우리 소통의 내용이요 주제가 됩니까?

06 온 세상 만물의 주인이시다

예수님은 참 하나님이실 뿐만 아니라 창조주이시고 세상 모든 만물의 주인이십니다. 눈에 보이는 것뿐 아니라 보이지 않는 모든 것들을 만드셨습니다. 그분은 우리의 현재와 미래를 붙잡고 계신 영원한 주인이십니다.

예수 그리스도가 만물의 창조주요 주관자임을 인정합니까? 주님이 우리 인생의 주인임을 받아들이는 것이 왜 중요합니까?

07 몸인 교회의 머리이시다

예수 그리스도는 몸인 교회의 머리이십니다. 예수 그리스도가 교회의 머리가 되어 친히 으뜸이 되시면 참으로 하나님의 찬란한 영광을 선포하게 됩니다. 몸의 각 지체가 예수 그리스도를 중심으로 유기적인 관계를 맺습니다.

예수 그리스도를 머리로 둔 몸의 지체로서 자신이 맡은 역할은 무엇입니까? 몸의 각 지체들과 어떻게 연합하십니까?

08 하나님의 화목 대사로 오셨다

예수 그리스도는 하나님과 우리 사이에 영원하고도 완전한 화해의 아이가 되셨습니다. 하나님과 화목하게 된 우리는 복음의 소망에서 흔들리지 말아야 합니다. 화목케 하는 직분을 수행해야 하는 우리는 하나님의 화목 대사입니다.

화해자이신 예수님을 믿으면서도 하나님과 마음으로 원수 된 적은 없습니까? 하나님의 화목 대사로 산다는 것은 무슨 뜻입니까?

09 비밀의 영광, 영광의 소망이시다

오랜 영적 수고와 헌신으로 인해서 피로하고 영적인 정체 상태에 짓눌려 있습니까? 예수 그리스도는 하나님의 비밀이요, 비밀의 영광이요, 영광의 소망입니다. 그 비밀이 깨달아질 때 영적인 정체를 벗어나고 사역의 창조성, 사역의 신선함, 사역의 모험심들이 거대한 파도처럼 밀려오기 시작할 것입니다.

하나님의 비밀이요, 비밀의 영광이요, 영광의 소망은 누구를 말하는 것입니까? 이 비밀을 깨달은 당신의 삶은 어떻게 변했습니까?

3부

거짓 꼼수의
도전을
물리쳐라

10
철학이냐, 그리스도냐?

인간의 뇌에는 수백억 개의 신경세포가 있습니다. 그 신경세포가 서로 신호를 주고받는 통로가 '시냅스'입니다. 이 시냅스가 그 많은 세포와 세포 사이를 연결하여 신호를 주고받아서 하나의 기억, 하나의 행동, 온몸 각 기관의 연합을 만들어 냅니다. 시냅스가 원활하게 작동될 때 손끝에서 받은 감각이 머리까지 전달되고 머리는 판단하여 행동을 결정합니다. 그것이 소통입니다. 소통이 없으면 아무리 중요한 결정도, 아무리 중요한 일도 이루지 못합니다.

지금까지 우리는 골로새서 1장을 통해 그리스도인에게 소통이 무엇인지, 누구와 소통해야 하는지, 소통을 통해서 무엇을 흘려보내야 하는지, 소통의 내용이자 복음의 핵심인 예수 그리스도가 누구인지 등을 알아보았습니다.

그런데 복음이 세상을 향해 순탄하게 흘러가도록 사탄 마귀가 그냥 두지 않습니다. '거짓 꼼수'들이 몰려옵니다. 거짓 교사들이 나타나서 온갖 속임수를 펼칩니다. 진실이 아닌 거짓을 퍼뜨립니다. 이것은 해로운 소통입니다. 맛을 잃은 소통입니다. 말이 아무리 많으면 뭐합니까? 그곳에 상처의 잔재가 남고 흉흉한 민심이 오글거린다면 바른 소통이 아닐 것입니다. 소통은 많은 말이 아닌 때로 다물어야 비로소 보이기도 할 것입니다.

골로새에도 그런 거짓 획책이 들어왔습니다. 시험에 빠졌습니다. 심각했습니다. 이제부터 골로새에 어떤 거짓 속임수와 꼼수들이 들어왔는지 알아볼 것입니다. 그리고 그 훼방이 오늘날 우리에게는 어떤 도전이 되는지, 예수님과 소통함으로 어떻게 승리할 수 있는지 알아보겠습니다.

인본주의에 바탕을 둔 철학

한국 교회가 지금 선교 120년 역사를 자랑하는데, 참 감사한 것은 초창기 때 우리나라에 들어온 선교사들이 그 나라에서도 상당한 수준을 갖춘 사람들이었다는 것입니다. 또 처음부터 우리나라는 말씀에 든든히 뿌리 내리는 축복을 받았습니다. 대부분의 선교지는 선교사가 성경보다 먼저 들어갔는데 우리나라는 번역된 성경이 먼저 들어왔습니다. 그만큼 말씀에 튼실한 뿌리가 내려져서 흔들림이 없었다는 것입니다.

그런데 지금은 어떻습니까? 다시 한 번 이 말씀의 영광을 회복해야 되지 않겠어요? 제가 어릴 때 아버지가 개척교회를 섬겼는데 사람들이 교회 다니는 아이라고, 예수쟁이 아들 지나간다고 돌멩이를 던지곤 했습니다. 그렇지만 교회를 함부로 폄훼하거나 무시하지는 못했습니다. 교회의 영광과 말씀의 신비 앞에 함부로 비판하지 못했어요.

그래서 오늘날 우리 주위의 여건을 보면 너무 안타깝습니다. 왜 이렇게 되었습니까? 한마디로 말씀의 진리에서 어긋났기 때문입니다. 왜 말씀의 진리에서 어긋났습니까? 누군가 철학과 헛된 속임수로 우리를 노략하기 때문입니다.

> "누가 철학과 헛된 속임수로 너희를 사로잡을까 주의하라 이것은 사람의 전통과 세상의 초등학문을 따름이요 그리스도를 따름이 아니니라"_골 2:8

라이트풋Lightfoot이라는 유명한 원어 분석가는 8절의 철학과 헛된 속임수라는 말 앞에는 관사도 없고 전치사도 없기 때문에 두 단어가 따로 구별되는 것이 아니라 헛된 속임수라는 말이 철학을 꾸미는 말이 될 수 있다고 했습니다. 즉, '헛된 속임수인 철학을 가지고 너희를 사로잡을까 주의하라'고 해석할 수 있다는 말입니다. 결국 우리가 진리에서 어긋난 이유는 바로 헛된 속임수인 철학 때문이라는 말입니다.

왜 철학이 헛된 속임수입니까? 한마디로 말하면 그것이 사람 중심이기 때문입니다. 사람의 생각이성과 경험 중심이라는 말입니다. 그래서 야고보는 "너희들이 하늘의 지혜를 받지 아니하고 사람의 생각과 뜻대로 사는도다"라고 말했습니다. 이런 이유 때문에 철학을 인본주의라고 말하는 것입니다. 하나님이 허락하시는 계시에 눈이 열리지 않고 인간의 철학을 하는 사람들은 대부분 무신론자로 하나님을 거부합니다. 아니면 이원론주의자들이거나 범신론주의자들이지요.

바울은 일찍이 사람의 경험과 이성에 근거한 철학이 얼마나 문제가 있는지를 간파하고 있었습니다.

"기록된 바 하나님이 자기를 사랑하는 자들을 위하여 예비하신 모든 것은 눈으로 보지 못하고 귀로 듣지 못하고 사람의 마음으로 생각하지도 못하였다 함과 같으니라 오직 하나님이 성령으로 이것을 우리에게 보이셨으니 성령은 모든 것 곧 하나님의 깊은 것까지도 통달하시느니라"_ 고전 2:9-10

성령은 모든 것, 하나님의 깊은 것까지도 통달하시는데 어리석게도 사람들은 자신의 경험과 이성에 우선순위를 둔다는 것입니다. 하나님이 우리에게 주신 깨달음과 은혜는 눈으로 보지 못하고 귀로 듣지 못하는 것입니다. 이것은 경험주의를 배격한다는 말입니다. 인간의 경험이 쌓이고 자기들끼리 소통한들 예수님의 한 말씀만 하겠습니까? 또 사람의 마음으로 생각하지 못한다고 했습니다. 이것은 이성주의를 배격하는 것입니다. 오직 예수님과 소통함으로 받은 복음 진리의 능력은 경험주의와 이성주의를 초월합니다.

철학과 헛된 속임수에 놀아나는 이유

그런데 사람들은 왜 철학과 헛된 속임수에 놀아납니까? 바울은 "이것은 사람의 전통과 세상의 초등학문을 따름이요 그리스도를 따름이 아니"_{골 2:8}기 때문이라고 말합니다.

사람의 전통을 따름

먼저 사람의 전통에 대해 살펴보겠습니다. 개역한글판에서는 사람의 유전이라고 번역하고 있지요. 사람의 유전이란 한 사람에게서 다른 사람으로 전달되는 것을 뜻합니다. 1세기 유대교에서는 이를 많이 강조했습니다. 유대교의 지도자들과 교사들은 너무도 많은 관습과 의식과 가르침을 전수했습니다. 다 지키지도 못할 두꺼운 껍데기를 만들어서 하나님의 말씀 위에 놓은 것이지요. 한마디로 옥상옥을 만든 셈입니다.

마가복음 7장을 보면 어느 날 유대의 지도자들이 예수님께 나와 말했습니다.

"어찌하여 당신의 제자들은 장로들의 전통을 준행하지 않고 부정한 손으로 떡을 먹습니까?"

예수님을 비난한 것입니다. 그때 예수님은 이렇게 대답하셨지요. "너희가 하나님의 계명은 버리고 사람의 전통을 지키는구나. 너희가 너희 전통을 지키려고 하나님의 계명을 잘도 저버리는구나."

당시의 랍비들과 유대 지도자들은 온통 음식과 할례, 절기 등에 관심을 두었습니다. 그들은 이런 주제를 가지고 늘 예수님과 논쟁을 벌였어요. 하지만 그것은 주객이 전도된 것입니다. 하나님은 "마음과 뜻과 정성과 목숨을 다하여 주 너의 하나님을 사랑하라"고 했습니다. 그런데 사람들은 자신들의 전통유전에 신경 쓰다가 정말 중요한 것은 놓치는 우를 범한 것입니다.

한국 교회도 120년을 넘다 보니 사람의 전통이 내려오기 시작합니다. 교단마다 개교회마다 전통이 있는 것 같습니다. 우리는 이 시점에서 골로새서의 말씀을 되새겨야 합니다. 우리는 과연 우리의 전통을 하나님의 말씀보다 앞세우지는 않았는지 말입니다. 만약 그런 것이 있다면 돌이켜야 할 것입니다. 우리는 말씀으로 돌아가야 합니다.

성경은 장로의 유전뿐 아니라 이방인의 유전도 있다고 말합니다. 베드로는 "너희가 알거니와 너희 조상이 물려준 헛된 행실에서 대속함을 받은 것은"벧전 1:18이라고 말했습니다. 개역한글판으로 보면 "너희가 알거니와 너희 조상의 유전한 망령된 행실에서 구속된 것은"이라고 표현하고 있습니다.

베드로전서는 이방인들을 위해 쓴 책입니다. 오늘날 교회 밖에 이런 망령된 행실과 유전들이 얼마나 많습니까? 대표적인 것이 진화론입니다. 대다수의 사람들은 이것에 동의합니다. 그러나 이것은 망령된 행실입니다. 대중들의 지지를 받는다고 해서 그것이 진리는 아닙니다.

교회 내 잘못된 사람들의 유전, 그리고 교회 밖이방인 망령된 행실의 유전들이 우리의 신앙을 좀먹고 있습니다.

세상의 초등학문을 따름

두 번째로 세상의 초등학문에 대해 살펴보겠습니다.

> "이와 같이 우리도 어렸을 때에 이 세상의 초등학문 아래에 있어서 종노릇 하였더니"_갈 4:3

여기서 말하는 초등학문은 영적인 초등학문을 가리킵니다. 그렇다면 영적인 초등학문이란 무엇입니까?

> "그러나 성령이 밝히 말씀하시기를 후일에 어떤 사람들이 믿음에서 떠나 미혹하는 영과 귀신의 가르침을 따르리라 하셨으니 자기 양심이 화인을 맞아서 외식함으로 거짓말하는 자들이라"
>
> _ 딤전 4:1-2

미혹하는 영과 귀신의 가르침이 영적인 초등학문에 해당됩니다.

이에 대해 에베소서 6장 12절은 "우리의 씨름은 혈과 육을 상대하는 것이 아니요 통치자들과 권세들과 이 어둠의 세상 주관자들과 하늘에 있는 악의 영들을 상대함이라"고 말씀합니다.

이것을 좀 더 이해하기 쉽게 설명하겠습니다. 당시의 줄리어스 시저라든지 BC 4세기에 살았던 알렉산더 같은 사람들은 점성술을 신봉했습니다. 요즘 우리 식으로 말하면 점, 관상, 오늘의 운세, 이런 것들입니다. 별의 빛이나 위치, 운행 따위를 보고 개인과 국가의 길흉을 점치는 것이 영적인 초등학문임에도 불구하고 여기에 사로잡힌 사람은 예수를 믿는다고 하면서도 운명론적이고도 결정론적인 삶에 휩싸이게 되었다는 말입니다.

오늘날도 마찬가지 아닙니까? 올해는 총선과 대선이 있는데 선거 때만 되면 점집이 호황을 누린다고 합니다. 교회 다니는 사람들 중에도 오늘의 운세를 보고, 무슨 일이 있으면 점쟁이를 찾아가는 사람들이 있어요. 그것은 헛된 속임수에 놀아나는 것입니다.

영적 초등학문이 있다면 실제적인 초등학문도 있을 것입니다. 그것은 어린아이처럼 유치한 삶을 사는 사람들을 일컫습니다. 어린아이의 특징은 무엇입니까? 자기만 바라보라고 하는 것입니다. 자기 뜻대로 되지 않으면 울고 떼쓰고 소리 지릅니다. 자기주장만 내세웁니다. 작은 것, 별로 중요하지 않은 것에 연연합니다. 사탕하나 가지고도 싸우는 게 어린아이입니다.

오늘 우리는 영적인 세계에 대해 눈이 열려야 합니다. 헛된 속임수에 놀아날 때 우리는 예수 그리스도를 제대로 좇을 수 없습니다. 더 이상 헛된 속임수에 넘어가서는 안 됩니다. 사람의 전통과 세상 초등학문을 따르는 게 아니라 예수 그리스도를 따라야 합니다. 하나님이 오늘 우리에게 요구하시는 것이 바로 이것입니다.

예수 그리스도의 충만

예수님의 인성과 신성

마지막으로 이 문제에 대한 하나님의 해결책이 무엇인지 알아보겠습니다.

> "그 안에는 신성의 모든 충만이 육체로 거하시고 너희도 그 안에서 충만하여졌으니 그는 모든 통치자와 권세의 머리시라"
>
> _ 골 2:9-10

예수 그리스도의 신성과 인성, 예수 그리스도의 인성의 은혜와 신성의 영광스러움이 놀랍게 표현되어 있습니다. 아마 9절 말씀은 서신서 가운데서도 예수 그리스도의 신성과 인성에 대한 가장 결정적인 진술이라고 말할 수 있을 것입니다.

이단들과 헛된 속임수를 가진 철학들은 예수 그리스도의 신성과 인성을 파괴하려고 갖은 노력을 합니다. 하지만 예수님 안에는 신성의 모든 충만이 육체로 거하신다고 분명히 말씀하고 계십니

다. 하나님이신 예수님이 인간의 몸을 입고 오셨다는 말입니다. 그
뿐 아니라 우리도 그 안에서 충만해졌다고 했습니다. 성경은 이를
현재 시제로 표현했는데, 우리가 내면으로부터 충만해지고 그 경
험이 계속되도록 도와주신다는 말입니다.

"보라 처녀가 잉태하여 아들을 낳을 것이요 그의 이름은 임마누
엘이라 하리라 하셨으니 이를 번역한즉 하나님이 우리와 함께 계
시다 함이라"_마 1:23

신성을 가진 예수님이 육체를 입으셨다는 말은 임마누엘의 역
사를 우리에게 주신다는 것입니다. 하나님이 우리와 함께 계신다
는 뜻입니다. 우리는 초라한 존재가 아닙니다. 임마누엘의 은혜를
받은 사람들입니다. 예수님은 우리에게 하늘과 땅을 잇는 다리가
되어 주셨습니다. 하나님의 충만을 우리에게 갖다 주신 거예요. 그
리고 이 충만이 우리에게 있을 때 예수의 충만으로 말미암아 더
이상 다른 것들이 우리에게 안 들어와도 된다는 말입니다.

이 충만의 경험은 밖에서부터 안으로의 경험이 아닙니다. 그것
은 안에서부터 밖으로의 경험입니다. 이것은 껍데기적인 경험이
아니에요. 무언가를 더해야 하는 게 아닙니다. 날마다 임마누엘 되
신 예수 그리스도만으로 충분한 능력을 영원히 누릴 수 있게 해주
신다는 말입니다. 밖에서 뭔가 들어올 필요가 없다는 거예요.

바울은 가는 곳마다 하나님의 모든 충만이 예수 그리스도를 통해

너희에게 충만해지기를 원한다고 권면하고 있습니다. 그리고 이 충만을 경험한 사람들은 누구나 다 공통으로 이런 고백을 합니다.

"주님, 저는 망할 수밖에 없는 존재였습니다. 저는 부패한 사람이었습니다. 저는 제 힘으로 아무것도 할 수 없는 사람이었습니다. 그런데 예수 그리스도로 말미암아, 저에게 충만히 채워 주심으로 말미암아 그 충만케 하시는 예수 그리스도와 하나님을 존귀케 하는 것이 제 삶의 목표가 되었습니다."

이 충만이 깨달아진 사람들은 삼위일체 하나님이 그대로 믿어집니다. 성경이 정확무오한 하나님의 말씀이요, 우리 신앙과 삶의 진정한 표준임을 고백하게 됩니다. 이 충만을 깨달은 사람은 예수 그리스도에 대해서 눈이 열립니다. 예수 그리스도는 구약에 예언된 그 하나님이시요, 구원자이시고, 주님이시며, 예수 그리스도를 통해서만 구원받을 수 있으며, 영원한 생명을 얻을 수 있다고 고백합니다.

골로새서 2장 9-10절 말씀이 우리에게는 상상할 수 없는 축복임을 아십니까? 베드로후서 1장 3-4절을 통하여 확증하겠습니다.

"그의 신기한 능력으로 생명과 경건에 속한 모든 것을 우리에게 주셨으니 이는 자기의 영광과 덕으로써 우리를 부르신 이를 앎으로 말미암음이라 이로써 그 보배롭고 지극히 큰 약속을 우리에게 주사 이 약속으로 말미암아 너희가 정욕 때문에 세상에서 썩어질 것을 피하여 신성한 성품에 참여하는 자가 되게 하려 하셨느니라"

예수 그리스도로 충만하게 되었다는 것은 생명과 경건에 속한 모든 것이 우리에게 주어졌다는 뜻입니다. 또 하나님의 성품에 참여하는 자들이 되게 하셨다는 의미입니다. 예수 그리스도를 닮아가는 예수의 제자가 되게 하셨다는 것입니다.

규모 있는 삶

또 하나, 바울이 권면하고 있는 것은 바로 규모 있는 삶입니다.

> "이는 내가 육신으로는 떠나 있으나 심령으로는 너희와 함께 있어 너희가 질서 있게 행함과 그리스도를 믿는 너희 믿음이 굳건한 것을 기쁘게 봄이라"_골 2:5

헛된 속임수, 이단에 미혹되지 않으려면 삶에 질서가 있어야 합니다. 절제하고 훈련하고 자신을 추슬러야 합니다. 이는 세상을 거스르는 삶입니다.

이 시대는 우리가 느끼는 대로 우리의 감정을 따라 살라고 합니다. 절제하며 사는 것이 아니라 하고 싶은 대로 하며 살라고 합니다. 비근한 예로 요즘 사람들은 잘 참지 않습니다. 화가 난다고 지나가는 사람을 죽이기도 하고, 듣기 싫은 소리를 했다고 지하철에서 행패를 부리기도 합니다. 자살율과 이혼율은 OECD 국가 중 1위라는 불명예를 안고 있습니다.

얼마 전, 라디오에서 이런 얘기를 들었습니다. 우리나라 화병 전문가가 90년대 중반까지만 해도 더 이상 참지 말고 분노를 표출하라고 했는데 요즘에는 정반대로 화를 참으라고 한다는 것입니다. 처음에는 화를 너무 억누르다 보니 병이 되어 내원하는 사람들이 많아서 무작정 억누르기보다는 건강하게 표출하라는 의미로 그렇게 얘기한 것이었는데, 최근 몇 년 사이 정반대의 현상이 나타나 이제는 오히려 화를 참으라고 말해야 할 지경에 이르렀다는 내용이었습니다.

맞는 말입니다. 우리는 자기 자신을 절제하고 조심하고 연단하고 훈련할 필요가 있습니다. 거기에서 진정한 자유가 오는 것입니다. 저는 피아노로 찬송가를 치는 데는 자유합니다. 어릴 때 시골 교회에서 7년 동안 어쩔 수 없이 반주를 하지 않으면 안 될 운명에 처한 적이 있기 때문입니다. 눈을 감고도 코드를 알 수 있을 정도로 훈련된 것이지요. 하지만 수영에는 자유함이 없습니다. 제가 할 줄 아는 것은 개구리헤엄뿐입니다. 수영을 제대로 배우지도 훈련한 적도 없기 때문입니다.

어떤 일에서 정말로 자유하기 원하십니까? 믿음에 굳게 서길 원하세요? 그렇다면 자신을 추슬러야 합니다. 주님 안에서 질서 있게 살아야 합니다. 골로새서 2장 7절의 말씀처럼 주님 안에 뿌리를 박으며 견고하게 세워져서, 교훈을 받은 대로 믿음에 굳게 서서 감사함을 넘치게 해야 합니다. 그럴 때 우리는 거짓 교사들과 이단의 가르침에 속지 않고 충만한 삶을 살 수 있습니다.

20세기 최고의 설교자 중 한 사람인 마틴 로이드 존스 목사는 "영적인 수준은 예수 충만의 수준과 비례한다"고 했습니다. 그렇게 볼 때 그리스도인들은 예수 충만으로 나름대로 삶의 봉우리를 향해 올라가는데 과거 청교도들은 알프스 산맥 정도의 높이요, 요한 캘빈과 마틴 루터 같은 종교 개혁자들은 히말라야 산맥의 높이이고, 조나단 에드워드 같은 사람들은 에베레스트 산의 높이가 된다고 했습니다.

오늘 우리의 신앙의 깊이는 어떻습니까? 헛된 속임수와 철학과 세상 초등 학문과 사람의 전통에 의해서 영향을 받고 있지는 않습니까? 예수 그리스도와 소통하십시오. 예수 그리스도의 충만함을 받아 하늘의 경건과 생명에 속한 모든 것들을 누리고 무엇보다도 신의 성품에 참여하는 은혜를 받기 원합니다.

11

완전한 승리에 대한 소망

20세기 영국이 낳은 위대한 설교자 마틴 로이드 존스 목사는 오늘 기독교가 당하는 공격, 어둠의 세력이 위협하는 공격에 대해서 이렇게 말했습니다.

"마귀는 마치 대포를 쏘아대는 것처럼 공격하는데 기독교는 소총으로 막아내고 있습니다."

우리가 많이 사용하는 컴퓨터로 비유하자면 마귀는 테라바이트의 대용량으로 공격하는데 현대 기독교는 옛날의 XT나 AT 286 용량으로 대응하고 있다는 말입니다. 오늘 우리가 이런 공격 앞에 서 있으면서도 실제감도 없고 절박감도 없고 극복할 힘도 없다면 그것이야말로 더 큰 문제 아니겠습니까.

몇 년 전 '예수는 신화다, 예수는 없다'는 광고가 내걸린 적이 있습니다. 『만들어진 신』이라는 책도 관심을 끌었고요. 그들이 그렇게 우긴다고 해서 예수님이 없어지는 것도, 만들어진 것도 아니지만 마음이 아팠습니다. 그들이 내세우는 것은 논리적으로 허술할뿐더러 1-3세기에 판을 쳤던 이단의 모습을 지금 시대에 맞게 새 옷으로 갈아입힌 아류에 불과합니다. 그러나 믿지 않는 사람들에게는 어느 정도의 영향을 끼친 게 사실입니다.

이런 상황에서 기독교계는 어떻게 하면 좋겠습니까? 기독교 변증가이자 신앙 선배인 프란시스 쉐퍼는 "수동적 적극성을 가져야 한다"고 얘기했습니다. 수동적 적극성이란 두 가지 의미를 내포합니다. 하나님의 전적인 주권을 인정하는 동시에 내가 해야 할 바를 다한다는 것입니다. 하나님의 전적인 주권과 내가 해야 할 책임, 이 두 가지가 거룩한 긴장관계와 절묘한 조화를 이루어야 한다는 것이지요.

우리가 교회에 나가 예배드리는 것을 생각해 봅시다. 하나님이 부르지 않으면 어느 누가 예배할 수 있겠어요. 그것은 하나님의 전적인 은혜입니다. 그렇지만 나도 일찍 일어나 준비를 해야 좋은 자리에 앉을 수 있는 것이지요. 이것이 바로 수동적 적극성입니다.

골로새서 2장 11-15절 말씀을 통해 이를 좀 더 구체적으로 알아보도록 하겠습니다.

완전한 구원

바울은 골로새서 2장 9-10절에서 예수님 안에 하나님의 모든 신성이 충만하고, 예수님이 우리 안에 계시므로 우리도 예수님 안에서 충만해졌다고 했습니다. 예수님 외에 다른 것이 필요 없다는 것입니다.

이렇게 분명하게 선언했음에도 불구하고 당시 골로새 교인들 가운데 유대교적 율법주의자들은 다른 주장을 했습니다. 그 사람들은 그게 다가 아니라며 할례나 절기, 안식일 등에 관한 규례를 첨가해 우쭐댔습니다. 다른 성도들이 예수님만으로는 불충분하다는 인식을 자꾸 갖게 만든 것입니다. 이것은 명백하게 복음을 훼손하는 잘못된 일이었습니다. 예수님과 소통하지 않은 잘못된 결과입니다. 바울이 이에 대해 강력하게 선포합니다.

> "또 그 안에서 너희가 손으로 하지 아니한 할례를 받았으니 곧 육의 몸을 벗는 것이요 그리스도의 할례니라"_골 2:11

본래 할례라는 것은 태어난 지 8일 만에 남자아이의 생식기 포피를 제거하는 것을 말합니다. 이것은 육적인 몸을 벗는 것을 의미합니다. 육체의 부패한 본성을 벗어버리고 전적으로 하나님을 의뢰한다는 표시로 할례를 받는 것입니다. 그리고 할례를 받을 때 하나님의 언약의 자손이 된다고 했습니다.

조금 더 깊이 들여다보면 남자의 생식기는 남성의 깊숙한 곳에 숨어 있는 이기주의, 보이지 않는 오만함, 탐욕, 무절제, 특히 남자의 정욕을 상징한다고 볼 수 있습니다. 그런데 이것을 자르고 정리함으로 말미암아 전적으로 하나님을 의뢰하라는 게 할례의 뜻이라고 할 수 있습니다. 그럼에도 인간의 교만함 때문에 유대교적 율법주의자들은 자기들이 선택된 백성이라고 아주 우쭐댔습니다. 바로 그때 바울은 겉으로 받는 육신의 할례는 진정한 할례가 아니며 진정한 할례는 마음의 할례라고 주장한 것입니다.

로마서 2장 28절은 다음과 같이 설명합니다.

"무릇 표면적 유대인이 유대인이 아니요 표면적 육신의 할례가 할례가 아니니라"

또 신명기 10장 16절에서 모세는 "그러므로 너희는 마음에 할례를 행하고 다시는 목을 곧게 하지 말라"고 했습니다. 신명기 30장 6절에서도 마음의 할례를 받으라고 말씀하고 있고, 그래도 못 알아들으니까 예레미야 4장 4절에 "너희는 스스로 할례를 행하여 너희 마음 가죽을 베고 나 여호와께 속하라"고까지 말씀하십니다.

우리는 손으로 하는 육신의 할례가 아니라 그리스도의 할례를 받았습니다. 이것은 "누구든지 그리스도 안에 있으면 새로운 피조물이라 이전 것은 지나갔으니 보라 새 것이 되었도다"고후 5:17라는 말씀과 연결됩니다. 주님 안에 있으면 내 육신의 부패한 본성은 지나가고 새로운 피조물이 되는 것입니다. 이는 주님 안에서 새로운 은혜의 독립선언서를 낭독하는 것입니다.

그리스도의 할례는 세례와 연결됩니다. 12절을 보십시오.

"너희가 세례로 그리스도와 함께 장사되고 또 죽은 자들 가운데서 그를 일으키신 하나님의 역사를 믿음으로 말미암아 그 안에서 함께 일으키심을 받았느니라"

육신의 할례가 아니라 예수 그리스도로 할례를 받은 것은 마치 세례를 받을 때 우리의 과거가 다 죽고 부패한 본성이 다 정리되어 예수님 안에서 새로운 피조물이 되는 것이라고 말할 수 있습니다. 그리고 이것은 지금도 살아 계셔서 활동하시는 하나님의 능력으로 된 것입니다. 이 능력이 얼마나 대단한지 "죽은 자들 가운데서 그를 일으키"셨다고 했습니다.

로마서 10장 9절을 보면 "네가 만일 네 입으로 예수를 주로 시인하며 또 하나님께서 그를 죽은 자 가운데서 살리신 것을 네 마음에 믿으면 구원을 받으리라"고 했습니다. 로마서 4장 17절에서는 "하나님은 죽은 자를 살리시며 없는 것을 있는 것으로 부르시는 이시니라"고 말씀하고 있습니다.

하나님의 역사하심으로 말미암아 남들이 보기에는 아무것도 아닌 인생을 회복시키고 살리시는 하나님의 능력이 우리의 삶에 날마다 체험되기를 바랍니다. 그 하나님과 기도로, 찬양으로, 아침마다 하는 큐티로, 소그룹으로, 제자훈련으로 날마다 소통하시길 원합니다. 하나님의 구원은 완전하십니다. 예수 그리스도면 충분합니다. 그 외에 다른 것을 덧붙일 필요가 전혀 없습니다.

완전한 용서

완전한 구원은 완전한 용서로 이어집니다.

> "또 범죄와 육체의 무할례로 죽었던 너희를 하나님이 그와 함께 살리시고 우리의 모든 죄를 사하시고"_ 13절

우리는 본래 범죄한 존재였고 무할례당이었습니다. 바울은 에베소서 2장 11-12절에서 과거에 우리가 어떤 사람이었는지 더 자세히 설명하고 있습니다.

> "그러므로 생각하라 너희는 그때에 육체로는 이방인이요 손으로 육체에 행한 할례를 받은 무리라 칭하는 자들로부터 할례를 받지 않은 무리라 칭함을 받는 자들이라 그때에 너희는 그리스도 밖에 있었고 이스라엘 나라 밖의 사람이라 약속의 언약들에 대하여는 외인이요 세상에서 소망이 없고 하나님도 없는 자이더니."

예수 믿기 전에 우리는 이런 사람이었습니다. 그런데 놀랍게도 모든 죄를 사함 받은 존재가 된 것입니다. 용서받은 자가 된 거예요. 이런 하나님의 용서가 14절에 구체적으로 표현되어 있습니다.

"우리를 거스르고 불리하게 하는 법조문으로 쓴 증서를 지우시고 제하여 버리사 십자가에 못 박으시고"_골 2:14

개역한글판에서는 '우리를 거스르고 우리를 대적하는 의문에 쓴 증서'라고 되어 있는데 이것은 빚을 갚겠다고 우리가 자필로 쓴 빚증서를 가리킵니다. 우리의 빚이 무엇입니까? 하나님의 법을 성취하지 못하고, 하나님께 불순종하고, 우리 마음대로 살고, 타락하고…… 하나님을 대적했던 모든 것들이 우리가 진 빚이라 할 수 있습니다.

그런데 놀랍게도 하나님의 완전한 구원을 통한 용서는 그 빚증서를 지워 버린 것입니다. 개역한글판에서는 도말하셨다고 했는데, 이 말은 칠판지우개로 지워 버렸다는 의미입니다. 그 당시에는 모든 문서를 파피루스에 기록했습니다. 파피루스는 나일강가에 있는 식물줄기로 만든 것인데 요즘처럼 산성이 강한 잉크가 아니어서 썼다가 지울 수가 있었어요. 하나님은 우리의 모든 죄를 동이 서에서 먼 것 같이 깨끗하게 없애 주셨습니다. 우리의 빚은 완전히 청산되었습니다.

"여러분, 우리의 죄 때문에 예수님이 십자가에 못 박혔습니다. 우리가 회개하면 용서받지만 그 자국은 남습니다. 이것 보이시죠? 못과 망치입니다. 여기에 못을 한번 박아보겠습니다."

부흥강사는 이렇게 말하고는 준비한 나무토막에 쾅쾅쾅! 못을 박았습니다.

"이번에는 박은 못을 한번 빼보겠습니다. …… 여러분, 여기 못 자국이 보이십니까? 우리가 죄는 용서받아도 그 자국은 남는 겁니다."

어릴 적 부흥회에 참석해서 들은 내용입니다. 죄를 많이 짓고 면역이 생겨 무덤덤해진 사람이라면 몰라도 순수하고 착한 사람들은 그것을 보고 몹시 괴로워하고 스트레스를 받았습니다.

'죄 짓지 말아야지.'

그날 말씀을 들으면서 저도 이런 다짐을 했었습니다. 저는 어릴 때에 율법주의자적인 성향이 있었습니다. 거룩한 삶에 대한 부담감이 엄청 컸습니다. 그래서 늘 마음에 짐이 많았어요. 부친의 영향도 있었겠지요. 매 주일 반성문을 쓸 정도였습니다.

어른이 되어 어느 날 이사를 하는데 뭔가 툭 떨어졌습니다. 거기에 고등학교 입학 수험표가 있었는데 그것을 보고 깜짝 놀랐습니다. 고등학교 입학 수험표니 중학교 때 사진이 붙어 있었어요. 그런데 사진 속에 있는 얼굴은 중3의 얼굴이 아니라 세상 모든 죄를 짊어진 듯한 표정이었어요. 그 눈이 너무 슬퍼 보였습니다. 지금의 내 얼굴이 아니었단 말씀입니다.

그때 누가 이 부분에 대해 정확하게 알려주었으면 얼마나 좋았겠습니까? 우리는 예수 그리스도의 십자가의 은혜로 죄 용서받았습니다. 의롭게 되었습니다. 부흥사가 말하던 그 자국은 전혀 남아 있지 않습니다.

완전한 승리

하나님은 우리에게 완전한 구원을 주셨고, 우리의 모든 죄를 사하심으로 완전한 용서를 주셨습니다. 완전한 구원과 완전한 용서가 주어졌으니 자동적으로 완전한 승리가 보장되는 것입니다.

> "통치자들과 권세들을 무력화하여 드러내어 구경거리로 삼으시고 십자가로 그들을 이기셨느니라"_골 2:15

하나님께서는 완전한 구원과 완전한 용서의 능력으로 통치자개역 한글판의 '정사'와 권세들, 즉 마귀와 그 졸개들을 완전히 장악하셔서 그들을 만천하에 공개하시고 완전한 승리를 거두셨습니다.

당시 세계를 정복하고 있던 로마제국은 각 지역에서 승리할 때마다 'roman triumph'라는 유명한 개선식을 거행했습니다. 지금도 남아 있는 아피아가도를 통해 개선장군이 포로들의 옷을 벗겨 잡아왔지요. 하나님께서 이렇게 하셨다는 얘깁니다. 마귀의 모든 세력을 무장해제시키시고, 그들을 벌거벗기고 실체를 드러내시어 세상의 구경거리로 삼으셨습니다.

이것을 깨달은 사람들에게는 "우리 주 예수 그리스도로 말미암아 우리에게 승리를 주시는 하나님께 감사하노니 그러므로 내 사랑하는 형제들아 견실하며 흔들리지 말고 항상 주의 일에 더욱 힘쓰는 자들이 되라 이는 너희 수고가 주 안에서 헛되지 않은 줄 앎이라"고전 15:57-58는 말씀이 가슴에 와 닿는 거예요. 그러므로 우리의 자랑은 오직 예수 그리스도의 십자가뿐이라고 고백할 수 있는 것입니다. 갈라디아서에서도 우리 주 예수 그리스도 외에는 자랑할 것이 없다고 했습니다. 또 로마서에서는 사망이나 생명이나 천사들이나 권세자들이나 현재 일이나 장래 일이나 능력이나 높음이나 깊음이나 다른 어떤 피조물이라도 우리를 우리 주 그리스도 예수 안에 있는 하나님의 사랑에서 끊을 수 없다고도 했습니다.

하나님은 우리에게 완전한 구원, 완전한 용서, 완전한 승리를 허락해 주셨습니다. 우리는 이것을 그대로 받아들이고 누리면 됩니다. 다만 한 가지 조심해야 할 것은 마귀에게 틈을 주지 않아야 한다는 것입니다.

하나님께서 이미 승리하셨음에도 불구하고 우리가 그것을 누리지 못하는 이유는 바로 마귀에게 틈을 주었기 때문입니다. 우리가 예수님을 믿고 구원받았어도 완전히 성화된 것은 아니기 때문에 아직까지 부패한 본성이 남아 있습니다. 마귀는 틈새 공략 전문가입니다. 우리가 잠시 한눈을 팔고 약간만 마음이 느슨해지면 그것을 파고들어 거기에 알박기를 하는 것입니다. 마귀는 이미 패배했지만 이 땅에서 약간의 유예기간이 주어졌습니다. 자기에게 주어진 시간이 얼마 안 남았다는 것을 가장 잘 아는 마귀는 이 기간 동안에 예수님 잘 믿으려는 사람들을 괴롭히려고 별짓을 다 하는 거예요. 좋은 아내와 남편으로, 좋은 어머니와 아버지로, 그리스도를 닮은 작은 예수로 살아보려고 노력하는데 마귀가 얼마나 괴롭히는지 모릅니다.

예수님께서 죽은 나사로를 살리신 이야기를 잘 아실 것입니다.

"나사로야 나오라!"

예수께서 무덤에 있는 나사로를 향해 큰 소리로 부르셨습니다.

그 즉시 나사로는 살아났지만 무덤에서 나올 때 그는 수의를 입고 베로 동였습니다. 살아 있는 사람은 수의를 입을 필요가 없어요. 살아났으면 그것을 벗어버려야 해요. 우리도 마찬가지입니다. 우리는 예수님을 믿고 구원받은 존재입니다. 과거의 썩은 수의를 더 이상 걸치고 다닐 이유가 없는 사람들입니다.

마귀가 아무리 틈새공격을 잘한다 할지라도 우리는 딱 하나만 잘하면 됩니다. 우리는 이미 예수 그리스도의 십자가로 승리한 자들임을 선포하는 것입니다. 그럴 때 마귀는 기겁을 하고 한 길로 왔다가 일곱 길로 도망갈 것입니다. 십자가로 승리하신 예수 그리스도께서 우리 가정을 살려 주시고, 우리 개인과 우리의 삶을 새롭게 해주실 것입니다. 주님의 승리가 곧 우리의 승리입니다. 날마다 그것을 선포하시길 바랍니다.

12

무엇이 믿음을 무너뜨리는가?

지난 2월 전국민을 충격에 빠뜨린 사건이 있었습니다. 전남 보성의 한 목사 부모가 삼남매를 굶기고 매질해 숨지게 한 사건이었습니다. 물론 이들은 기독교 정통 교단 소속의 목회자가 아니라 이단으로 알려진 단체에 속해 있었습니다.

경찰에 따르면 그들은 자녀들이 감기에 걸리자 몸에 잡귀가 붙어서 그런 거라며 이를 몰아내기 위해서는 금식을 해야 한다며 밥을 굶기고 매질을 했다고 합니다. 뿐만 아니라 자녀들을 살린다며 10여 일 동안 시신을 방 안에 놔둔 채 기도를 드리고 있었던 것으로 전해졌습니다. 그들은 "아이를 훈계하지 아니하려고 하지 말라 채찍으로 그를 때릴지라도 그가 죽지 아니하리라 네가 그를 채찍으로 때리면 그의 영혼을 스올에서 구원하리라"_{잠 23:13-14}는 말씀과 "유대인들에게 사십에서 하나 감한 매를 다섯 번 맞았으며"_{고후 11:24}

라는 말씀을 따랐다고 했습니다. 참으로 어처구니없는 성경 해석이 아닐 수 없습니다.

그들이 자식들을 미워해서 그렇게 했던 것일까요? 아마도 아닐 겁니다. 단지 누군가로부터 잘못된 가르침을 받았기 때문이겠지요.

지난해 부활절 즈음에 발생한 문경의 십자가 사건도 마찬가지입니다. 자신을 재림 예수로 착각한 사람이 부활할 것을 믿고, 예수님이 십자가에 못 박혀 돌아가신 모습을 따라 십자가에 못 박고 숨진 것입니다.

이런 일이 발생할 때마다 기독교계는 눈에 보이건 보이지 않건 공격을 받습니다. 목사나 십자가는 기독교의 상징이기 때문입니다. 그들이 정통 교회에 속한 사람인지 알 수 없는 세상 사람들은 그저 교회에 다니는 사람이 그랬다는 것에 주목하고, 기독교에 대해 안 좋은 인식을 갖게 되는 것입니다.

오늘 우리는 골로새서를 통해 우리에게 말씀하시는 하나님의 음성을 들어야 합니다. 음성을 잘 듣는 것도 소통입니다. 예수님의 음성에 귀를 기울여야 합니다. 금보다도 귀한 믿음을 빼앗기지 않기 위해, 또 세상 사람들과 좋은 관계를 맺고 선한 영향력을 끼치기 위해서 말입니다.

헛된 형식주의를 경계하라

바울 사도는 골로새서 2장 16-23절에서 골로새 교인들의 신앙생활을 무너뜨리는 세 가지를 언급합니다.

> "그러므로 먹고 마시는 것과 절기나 초하루나 안식일을 이유로 누구든지 너희를 비판하지 못하게 하라 이것들은 장래 일의 그림자이나 몸은 그리스도의 것이니라"_ 16-17절

개역한글판에서는 비판을 폄론이란 말로 번역했는데 이는 비판하거나 판단하지 말라는 뜻입니다. 이것들은 장래 일의 그림자이기 때문입니다.

첫 번째로 바울이 오늘 이 시대를 살아가는 그리스도인들에게 경고하는 것은 헛된 형식주의와 의식주의를 경계하라는 것입니다.

그 당시에 극단적인 율법주의자들은 먹고 마시는 음식 문제와 유월절, 오순절, 초막절, 수전절 등의 절기 문제, 또 매달 초하루에 드리는 제사 문제, 안식일 문제 등을 가지고 사람들을 옭아매고 판단했습니다. 그런데 문제는 실상 이런 것들이 진짜가 아니라 그림자라는 것입니다. 이 땅에 오신 예수 그리스도가 진짜입니다. 우리는 성령님을 통하여 주님을 모시고, 그분을 경배하고, 그분을 찬양하며, 그분과 함께 호흡하며, 그분께 기도하고, 그분과 동행하면 됩니다. 그러면 더 이상 헛된 의식주의나 헛된 그림자에 얽매이지

않고 실체에 집중할 수 있게 되는 것입니다.

예를 들면 이런 것입니다. 돼지고기를 먹어도 됩니까, 안 됩니까? 보신탕은요? 새우는 어떻습니까? 여러분 마음대로 하면 됩니다. 누가 그것을 가지고 판단할 것이 아니라는 말입니다. 진정한 음식은 생명의 떡이신 예수 그리스도이십니다. 주님이 진정한 음식이 되고나면 다른 음식에 관해서는 자유입니다. 다만 일례로 콜레스테롤 수치가 높은 사람이 끝까지 새우를 먹겠다고 우긴다면 문제가 되겠지요.

구약에서는 제사를 드렸습니다. 제사를 드릴 때마다 양의 피를 흘렸습니다. 지금도 인도의 캘커타 같은 곳에 있는 힌두신전에서는 매일 아침 양의 피를 흘리며 제사를 드립니다. 직접 볼 기회가 있었는데 아주 피비린내가 진동을 합니다. 하지만 그것은 그림자에 불과한 것입니다. 예수 그리스도께서 어린양이 되셔서 완전한 피를 흘려주셨기 때문입니다. 우리는 더 이상 피를 흘릴 필요가 없습니다. 그래서 오늘날 우리는 제사 대신에 예배를 드리는 것입니다.

안식일도 마찬가지입니다. 예수 그리스도가 안식일의 주인입니다. 주인이 오셨으니 더 이상 그림자에 관심을 가질 필요가 없고 안식일 대신에 주인의 날을 지키는 것입니다.

그런데 왜 당시의 율법주의자들과 거짓 교사들, 이단들이 의식주의를 강조했을까요? 인간의 연약함 때문입니다. 인간은 항상 어떤 규례를 만들어 놓고 그것을 신앙의 측정 도구로 삼고자 합니다. 종교적인 규율과 규칙을 만들어 놓고 그것을 지키는 데서 오는 만족감이 대단히 강력하기 때문이지요.

유대교적 율법주의자들과 형식주의자들은 종교적인 의 등을 교묘하게 복음 위에 추가해서 종교적인 우월감을 느끼도록 만들었습니다. 종교적인 의義를 추가함으로써 자기만족을 얻고자 한 것입니다. 자기 나름대로의 측정 도구를 만들어 놓고 그것을 지킴으로써 자기도 모르게 '나는 이제 영적으로 이 정도는 돼'라며 자기 의에 빠지게 한 것입니다. 즉 그들은 잘못된 형식, 의식, 율법을 가지고 사람들을 얽어매고 그것을 영적 측정도구로 삼았던 것입니다.

물론 형식이 필요할 때가 있고 형식이 중요하기도 합니다. 하지만 실체가 없는 형식은 껍데기요, 외식이 되고, 율법이 되고, 비판의 잣대가 되기 때문에 경계하는 것입니다. 이것은 교회생활을 오래한 사람일수록 각성해야 할 문제입니다.

나는 홀로 해외에 나갈 일이 있으면 가족사진이 담긴 작은 액자를 가져갑니다. 그리고 호텔에 도착하면 TV 위에 그것을 올려놓지요. 사진을 보며 "you are my sunshine my only sunshine, you make me happy when skies are grey……"라며 노래를 부르기도 합니다. 그런데 집에 돌아와서도 사진을 보며 말하고 노래하겠습니까? 그러면 안 되지요. 아내와 아이들을 직접 보면서 얘기해야 되는 거예요. 실체가 눈앞에 있으니까 그림자인 액자는 집어넣어야 하는 것입니다. 그런데도 우리는 종종 실체보다 그림자에 더 관심을 갖는 우를 범하곤 합니다.

교회생활에서도 그렇습니다. 찬송할 때 우리는 영이신 하나님을 마음으로 바라보며 찬양해야 합니다. 요즘 사람들이 열광하는 아이돌 그룹의 공연장을 상상해 보십시오. 환호성을 지르고 좋아서 팔짝팔짝 뛰는 거 보셨을 겁니다. 하나님이 그들보다 못합니까? 결코 아니에요. 기도할 때도, 설교를 들을 때도 딴생각하지 말고 하나님께 집중해야 합니다.

하나님은 절대 형식주의에 속지 않습니다. 주님은 이사야 1장 12절에서 "너희가 내 앞에 보이러 오니 이것을 누가 너희에게 요구하였느냐 내 마당만 밟을 뿐이니라"라고 경고하고 계십니다. 주일이나 수요일, 금요일 등에 드리는 모든 공예배를 형식적으로 드리는 사람이 아무도 없기를 바랍니다. 헌금을 하더라도 실체가 있게 하십시오. 눈물로 기쁨으로 감사함으로 찬양하면서 주님 앞에 진실로 드리십시오.

형식주의에 빠지게 되면, 특히 오랫동안 신앙생활한 사람의 경우 신앙이 무뎌지는 것을 볼 수 있습니다. 화석화되는 것이지요. 딱딱해지고 굳어져 습관이 되는 것입니다. 그 결과 형식주의의 표상인 이원론에 빠지게 됩니다.

한국 교회가 지금 심각한 병에 걸려 있습니다. 교회는 조직체가 아니라 유기체입니다. 예배드릴 때나 기도회 때나 제직회 등의 회의를 할 때나 우리는 한결같아야 합니다. 교회에서나 가정에서나 직장에서나 우리의 모습은 똑같아야 합니다. 우리는 주님께서 "너희들은 지금 그림자에 속해 있다"고 경고하시는 말씀을 가슴 깊이 새겨야 할 것입니다.

잘못된 신비주의를 배격하라

> "아무도 꾸며낸 겸손과 천사 숭배를 이유로 너희를 정죄하지 못하게 하라 그가 그 본 것에 의지하여 그 육신의 생각을 따라 헛되이 과장하고 머리를 붙들지 아니하는지라 온몸이 머리로 말미암아 마디와 힘줄로 공급함을 받고 연합하여 하나님이 자라게 하시므로 자라느니라"_ 골 2:18-19

두 번째로 사도 바울이 경고하는 것은 잘못된 신비주의를 배격하라는 것입니다. 꾸며낸 겸손과 천사 숭배, 이 두 가지가 잘못된 신비주의의 핵심입니다.

골로새에 있는 거짓 교사들은 진리의 말씀 대신에 거짓 영들, 온갖 종류의 사탄의 행위에 자신들을 열어 놓았습니다. 그들은 자기가 본 것을 의지하고 육체의 생각을 좇아 헛되이 과장했습니다. 인간이 소우주가 되어서 만물을 어떻게 할 수 있다고 착각한 것입니다. 그 결과 어떻게 됐습니까? 머리이신 예수 그리스도를 붙들지 않게 되었습니다.

이것이 오늘날 옷을 갈아입고 종교다원주의로 나타나고 뉴에이지로 나타난 겁니다. 온 우주와의 연합과 교감을 주장하며 그것을 목표로 하는 사람들, 즉 천사 숭배자들, 초자연주의자들, 점성술사들, 도가사상에 몰입된 사람들, 초월명상, 외계인과 접하는 사람들, 공중부양, 심령술사들, 최면술사들, 전생론을 주장하는 사람들, 빙의, 이상한 영들에 집착하는 것, 기, 단학명상교육기관, 단월드 등 일일이 열거할 수 없을 정도로 난무하고 있습니다.

바울은 이런 것들을 꾸며낸 겸손이라고 했습니다. 천사를 숭배하는 것이라고 말했어요. 이런 행위를 하는 사람들은 해탈이니 초월이니 하지만 오히려 자신에게 더 몰입되는 것을 볼 수 있습니다. 잘못된 신비주의가 추구하는 것은 인간의 잠재력을 끄집어내어 신처럼 되고자 하는 것입니다.

복음은 하나님 안에서 자신을 발견하고, 자신은 깨어지고 예수님으로 충만해지는 것입니다. 하지만 잘못된 신비주의에 빠지면 우리는 머리이신 예수님을 붙들 수가 없습니다. 이것은 우리로 하여금 예수님을 좇지 못하게 하여 삶의 초점을 흐트러뜨리고, 궤도를 이탈하게 만들어 방향을 잃어버리게 만듭니다. 아군끼리 피를 흘리게 만들어 기독교의 수치를 드러내게 하는 것이지요.

또 각 지체가 따로따로 놀게 해서 제대로 자라지 못하게 합니다. 우리는 머리이신 예수님을 중심으로 온몸이 연합해 제대로 자라가야 하는데 말이죠. 이것이 잘못된 신비주의가 가져다주는 가장 큰 폐해일지 모르겠습니다.

우리는 이 경고의 메시지를 겸허하게 받아들여야 합니다. 예수 믿으면서도 점집을 기웃거리는 사람들이 있다면 회개하십시오. 이런 이유로 한국 교회가 수치를 당하는 것입니다. 오늘 이 세상은 신비주의에 매력을 느끼고 있지만, 그럴수록 교회가 마디와 힘줄을 포함한 온 지체가 건강하게 자라서, 하나님을 아는 진정한 지식과 겸손과 순종으로 무장할 수 있기를 바랍니다. 이 시대에 할 말을 할 수 있는 교회가 되었으면 좋겠습니다.

잘못된 금욕주의를 조심하라

"너희가 세상의 초등학문에서 그리스도와 함께 죽었거든 어찌하여 세상에 사는 것과 같이 규례에 순종하느냐 (곧 붙잡지도 말고 맛보지도 말고 만지지도 말라 하는 것이니 이 모든 것은 한때 쓰이고는 없어지리라) 사람의 명령과 가르침을 따르느냐 이런 것들은 자의적 숭배와 겸손과 몸을 괴롭게 하는 데는 지혜 있는 모양이나 오직 육체 따르는 것을 금하는 데는 조금도 유익이 없느니라"_ 골 2:20-23

골로새의 거짓 교사들은 자신들의 몸을 괴롭게 하는 것이 하나님을 섬기는 것이라고 생각했습니다. 당시에 영지주의자들은 육체는 악하고 영은 선하다고 생각했기 때문입니다. 그래서 악한 육체를 괴롭게 하고 자학을 일삼았지요. 심지어 극한 가난을 경험하고 육체를 극도로 괴롭히는 것이 영적인 길에 이르는 지름길이라 생각했습니다.

영지주의의 영향을 받아 가난이 영성에 이르는 지름길이라고 주장하는 사람들 때문에 수세기 동안 교회는 극한 위협도 많이 받았습니다. 물론 가난이 주님을 알아가는 좋은 길이 되기도 합니다. 하지만 돈 자체는 나쁜 것도 좋은 것도 아닌 중성이에요. 다만 돈을 사랑하는 것이 악일 뿐입니다.

이 같은 상황에서 바울은 세 번째로 잘못된 고행주의, 잘못된 금욕주의를 조심하라고 말하고 있습니다. 물론 우리가 예수를 믿고 난 다음에 우리 나름대로 자신을 추슬러야 됩니다. 우리 육체를 단호하게 다스려야 할 때가 있습니다. 너무 많이 먹어서 과체중이거나 커피나 티를 너무 많이 마셔 신경과민인 경우 그래야 할 것입니다. 우리 몸이 성전이니까 몸을 잘 관리해야 될 필요도 있고 육체의 연습은 약간의 유익이 있기 때문에 자신의 몸을 적절하게 관리하는 것도 필요합니다.

그러나 지금 바울이 경계하는 것은 그 당시의 영지주의자들, 잘못된 이단들이 주장한 잘못된 금욕주의입니다. 그들은 극한 고행과 금욕을 통해서 영적으로 상당히 성숙한 경지에 올라갈 수 있다며 복음을 훼손했기 때문입니다.

당시 초대교회 교구였던 아타나시우스의 말에 의하면 수도원을 만들었던 엔톤이라고 하는 사람은 평생 고행을 한다고 단 한 번도 속옷을 갈아입거나 발을 씻지 않았다고 합니다. 또 시몬이라는 사람은 생애 마지막 36년 동안 15미터 기둥 위에서 살았다고 했습니다. 그는 기둥성자라는 말을 들었는데 진정한 영성에 이르려면 자신의 육체를 자연 상태에 노출시키고 세상으로부터 올라가야 된다고 생각해서 그렇게 한 것입니다.

과거 우리나라에도 양도천이라는 목사가 있었는데 육신의 정욕이 있으면 안 된다고 해서 자신의 생식기를 잘라버린 경우가 있었지요. 결국 계룡산에 올라가서 이단의 교주가 되어 버리고 말았습니다. 극한 고행주의와 금욕주의는 복음을 훼손합니다. 심지어 마틴 루터조차도 믿음으로 의롭게 되는 것을 깨닫기 전까지는 극단적인 금욕주의에 빠져 거의 망칠 뻔한 수준까지 올라갔었습니다.

하나님께서 특별히 고행을 통해서 자기부인의 삶으로 부르신 사람도 있을 것입니다. 그리고 선교지에서 고생하는 선교사 가운데 필연적으로 금욕적인 생활을 하는 사람도 없지 않아 있습니다. 그런데 그런 고행이나 금욕 때문에 더 거룩해진다고 말해서는 안 됩니다. 그것이 목표가 되어서는 안 된다는 얘깁니다. 그것은 하나의 과정일 뿐입니다. 우리는 예수 그리스도의 십자가로 거룩해질 수 있습니다. 우리는 예수 그리스도 안에서 그로 인해 충만해질 수 있습니다.

오늘 우리는 이 경고를 잘 받아들여야 합니다. 그림자가 아니라 실체이신 예수 그리스도를 만남으로써 형식주의를 경계하고, 교회의 머리 되신 예수 그리스도와 진정으로 연합되어 올바로 자람으로써 신비주의를 배격하며, 예수 그리스도 안에서 그로 인해 우리가 충만하게 되었다는 것을 다시 한 번 확증함으로써 금욕주의를 조심해야 할 것입니다.

AD 90년부터 150년까지 소위 속사도 시대의 교부들은 바울의 경고를 잘 받아들여 사람들에게 세 가지를 강하게 훈련시켰습니다. 첫째, 철저하게 말씀훈련을 했습니다. 이를 통해 형식주의를 배격했습니다. 두 번째로 철저하게 생활훈련을 했습니다. 이를 통해 금욕주의에 빠지지 않도록 신앙생활의 균형을 잡아주었습니다. 끝으로 철저하게 영성훈련을 했습니다. 이를 통해 영적 전쟁을 올바로 수행하고 신비주의에 올바로 대처할 수 있었습니다.

그때 받은 훈련 때문에 초대교회 성도들은 그 어려운 로마의 박해를 이겨내고 나중에는 로마제국을 복음으로 정복할 수 있었습니다.

우리가 이 시대의 파고를 지혜롭게 헤쳐 나갈 수 있도록 오늘 주께서 우리에게 주신 경고들을 잘 확인하시기 바랍니다. 예수님과 소통하고 예수님이 주시는 신령한 지혜로 이 시대의 형식주의, 잘못된 신비주의, 잘못된 고행주의를 잘 구별하고 이겨내시기를 바랍니다. 그리하여 주님이 기뻐하시는 성숙한 크리스천으로 살아가기를 바랍니다.

10 철학이냐, 그리스도냐?

오늘날 말씀의 진리에서 벗어나 철학과 헛된 속임수에 노략당한 교회가 지탄의 대상이 되고 있습니다. 그리스도인은 이성과 경험, 인본주의를 바탕으로 한 이단과 초등학문을 넘어서야 합니다. 하나님의 성품에 참여하고 그리스도의 제자로 견고하게 서서 거짓 꼼수를 물리치시기 바랍니다.

지금 당신을 유혹하는 헛된 속임수에는 무엇이 있습니까? 어떻게 하면 세상 초등학문의 유혹을 이겨낼 수 있을까요?

11 완전한 승리에 대한 소망

하나님은 우리에게 완전한 구원, 완전한 용서, 완전한 승리를 허락해 주셨습니다. 예수님은 세상 통치자와 권세들을 만천하에 드러내시고 완전한 승리를 거두심으로써 우리의 모든 빚은 완전히 청산하셨습니다. 날마다 그것을 선포하시길 바랍니다.

마귀가 공격해 올 때 어떻게 대응합니까? 왜 우리는 완전한 승리에 대한 확신을 가질 수 있습니까?

12 무엇이 믿음을 무너뜨리는가?

헛된 형식주의, 잘못된 신비주의와 금욕주의를 주의하십시오. 습관이 되어 버린 신앙, 기적을 쫓는 믿음, 금욕으로 만이 영적 성숙을 가져올 수 있다는 거짓말들을 경계하십시오. 예수님이 주신 은혜와 진리 안에서 우리는 성숙해지고 자유할 것입니다.

우리의 믿음을 무너뜨리는 것에는 무엇이 있나요? 어떻게 하면 더욱 성숙한 그리스도인으로 설 수 있을까요?

4부

거룩한 삶은
예수님과의
소통이다

13

땅에서 하늘을 누리는 삶

"그건 절대로 안 됩니다!"

몇 년 전 오엠국제선교회에서 운영하는 둘로스호에서 있었던 얘깁니다. 요르단은 이슬람 국가라 공개적으로 전도하기 어려워 아카바 항에 정박해 배 위에서 도서전시회를 열었습니다. 다행히 라디아 왕비와 아카바 시장의 도움으로 성공적으로 마칠 수가 있었습니다. 그래서 출항하기 전에 그들에게 감사편지를 쓰려고 한 것인데 현지 사람이 펄쩍 뛴 것입니다.

"아니, 왜 안 된다는 말입니까?"

"감사의 인사를 받아야 할 분은 왕입니다. 편지를 쓰려거든 왕에게 쓰십시오."

이해할 수가 없었습니다.

"왕은 여기에 한 번도 와 본 적도 없고 우리가 여기에 정박한지도 모를 텐데 군이 왜 왕에게 써야 한다는 거죠?"

"이유는 없습니다. 우리 요르단에서는 그렇게 되어 있습니다. 무조건 왕에게 감사해야 합니다."

하는 수 없이 왕에게 편지를 쓸 수밖에 없었습니다. 그런데 이게 웬일입니까? 그 편지를 본 현지인이 한마디하는 것입니다.

"이게 뭡니까? 쓰려면 제대로 써야지요."

보기 좋게 퇴짜를 맞았습니다. 거기서 편지를 제일 잘 쓴다는 캐나다 출신 목사가 정말로 잘 썼는데도 말입니다. 결국 여섯 명이 달라붙어 다섯 시간 동안이나 끙끙거리고 나서야 편지를 완성할 수 있었고, 출항 20분 전에 겨우 전달할 수 있었습니다.

최종상 선교사는 출항한 후에 요르단 왕에게 쓴 편지 사본을 다시 보면서 하나님께 회개했다고 합니다.

'저 요르단 사람은 자기 왕께 보내는 감사편지 하나에도 온갖 정성을 다하는데, 나는 예수님께 얼마나 정성을 기울였는가?'

조용히 눈을 감고 자신에게 물어봤으면 좋겠습니다. 예수를 주님이라고 부르는데 과연 그분을 어떻게 모시고 있는지, 나의 믿음을 그대로 삶으로 드러내고 있는지, 예수를 믿는 삶이란 과연 어떤 것인지 깊이 고민해 보기 원합니다.

우리는 그동안 복음이 소통을 통해 세상으로 흘러간다는 것을 알아보았습니다. 그 소통의 내용이 예수님이며 그 예수님이 어떤 분인지도 알아보았습니다. 또 소통의 통로가 우리이며 이 소통을 방해하기 위해 사탄이 어떤 전략을 사용하는지도 알았습니다. 이제부터는 그런 소통의 통로인 우리가 어떻게 살아야 하는지 알아보겠습니다.

우리는 예수님께 속한 그리스도인입니다. 우리가 바로 서기 위해 예수님과 먼저 소통해야 합니다. 예수님과 소통함으로써 우리가 먼저 구별된 자로 거룩한 자가 되어야 합니다. 우리가 변하지 않고 세상 사람과 똑같다면 어떻게 복음이 지나는 통로, 복음이 지나는 고속도로가 되겠습니까? 세상 사람들은 우리의 모습을 보고 예수님을 봅니다. 우리에게서 예수님의 모습이 보이지 않고 그들의 신뢰를 저버린다면 도리어 우리를 통해서 복음이 욕을 먹고 마는 것입니다.

요르단 사람은 자기 나라 왕에게 보내는 편지 한 통에도 최선을 다했습니다. 그의 마음에 합한 편지를 쓰기 위해 최 선교사 일행은 몇 시간 동안 고생했습니다. 우리는 얼마나 예수님의 마음을 헤아리려고 노력합니까? 아니, 그러기는커녕 우리의 뜻대로 예수님을 조정하려고 하지는 않습니까? 이제 예수님이 우리에게 원하시는 삶은 무엇인지 살펴보겠습니다.

그리스도가 우리의 삶이다

"그러므로 너희가 그리스도와 함께 다시 살리심을 받았으면"

_ 골 3:1

우리는 예수 그리스도와 함께 살리심을 받았습니다. 골로새서 3장 1-4절을 보면 짧은 구절 안에 '그리스도와 함께'라는 말이 여러 번 반복되는 것을 알 수 있습니다. '너희가 그리스도와 함께 다시 살리심을 받았으면'1절, '너희가 죽었고 너희 생명이 그리스도와 함께'3절, '우리 생명이신 그리스도께서 나타나실 그때에 너희도 그와 함께'4절 등입니다.

이는 무엇을 말하는 것입니까? 예수 그리스도와 함께 살리심을 받았다는 것은 예수 그리스도로 충분하다는 말입니다. 모든 것이 주님과 함께 살고 죽는 것입니다. 골로새서 전체의 주제인 2장 10절 말씀처럼 모든 것들이 그 안에서 충만해졌습니다. 그래서 예수님으로 충분하다고 자꾸 강조하는 것입니다. 그렇게 얘기해도 사람들은 자꾸 잊어버리고 예수님 외에 다른 것들을 채우려 합니다. 내 가방끈, 돈, 권력, 이런 것들을 보면서 만족하려고 해요. 그러나 우리는 주님과 함께 살리심을 받았기에 예수님만으로 만족한다고 고백해야 합니다.

이 경지에 들어가면 고난 받을 때도 베드로처럼 고백할 수 있습니다. 내가 당하는 고난은 내 고난이 아니고 그리스도와 함께 당하는 고난이요, 그리스도의 고난이요, 그리스도를 위한 고난이라고 말입니다벧전 4장. 영적인 게티즈버그 연설을 할 수 있다는 얘기지요.

주님이 임재하시면 우리는 3절 말씀을 깨닫게 됩니다.

"이는 너희가 죽었고 너희 생명이 그리스도와 함께 하나님 안에 감추어졌음이라."

믿는 자들은 아버지와 아들과 함께 산다는 뜻입니다. 바울은 이 것을 고린도전서 6장 17절에서 "주와 합하는 자는 한 영이니라" 라고 설명합니다. 한 영이 되었을 때 모든 삶의 원천이 주님이라 고 고백할 수 있습니다. 그는 또 그리스도께서 내 안에 사신다면 내가 죽어도 유익하다고 말했습니다빌 1:21. 이런 사람은 아등바등 하며 살지 않습니다. 예수의 생명이 내 속에 감춰져 있기 때문입 니다.

그리스도가 빠진 삶은 박제에 불과한 인생입니다. 내가 사는 것 은 그리스도 때문이라는 말은 그저 그리스도를 위한 삶이다, 그리 스도가 내 삶의 구원자이다, 이런 수준이 아니라 내 삶 자체가 그 리스도라는 뜻입니다. 내가 살아 있는 것은 내 속에 호흡하시는 그 리스도 때문이요, 내가 즐거워하는 이유는 내 속에서 즐거워하는 예수님 때문이요, 내가 슬퍼하는 것은 내 속에서 슬퍼하는 예수님 때문이요, 내가 감사하는 것은 내 속에서 감사하는 예수님 때문이 요, 내가 기뻐하는 것은 내 속에서 기뻐하는 예수님 때문이라는 것 입니다. 이것이 바로 3절에서 말하는 너희 생명이 그리스도와 함 께 하나님 안에 감추어져 있다고 고백하는 수준인 것입니다.

흔히 전신마취를 했을 때 그 사람의 본 모습이 나온다고 합니 다. 의식과 무의식이 교차하는 순간 밑바닥에 숨어 있던 그 사람의 생각이 드러나는 것입니다. 골프를 좋아하는 사람들은 갑자기 "홀인원, 홀인원" 하며 소리 지른다고 합니다. 또 어떤 아내는 남편에게 맺힌 것이 많은지 욕을 하기도 한답니다. 얼마 전 한 텔레비전에서는 무의식 상태에서 빈손으로 기타를 치며 입으로 흥얼거리는 장면을 방송해 수많은 사람에게 웃음을 주기도 했습니다.

한 권사님이 교통사고를 당해 중환자실에 입원했습니다. 제가 심방을 가서 권사님의 손을 잡고 있는데 의식이 없는 중에도 뭐라고 중얼거리는 거예요. 무슨 소린가 가만히 들어보니 교회에서 제자훈련을 받을 때 암송하는 구절 중의 하나인 "그런즉 누구든지 그리스도 안에 있으면 새로운 피조물이라 이전 것은 지나갔으니 보라 새 것이 되었도다"고후 5:17라는 말씀을 외우고 있는 거예요. 그 음성을 듣고 속으로 얼마나 눈물이 흘렀는지 모릅니다. 제가 큰 은혜를 받고 말았습니다.

여러분은 과연 무의식 세계에서 예수를 부를 수 있겠습니까? 무의식 속에서도 주님을 찬양할 수 있겠습니까? 어떤 순간, 심지어 무의식과 잠재의식 속에서조차 예수님을 부르고 찬양할 수 있는 축복이 여러분에게 임하기를 바랍니다. 예수 그리스도로 아름다운, 새 것이 된 여러분의 찬양과 감사가 날마다 넘쳐났으면 좋겠어요.

위의 것을 찾고 생각하는 삶

1절 후반부의 "위의 것을 찾으라"는 말씀과 2절의 "위의 것을 생각하라"는 말씀을 보십시오. 특히 '찾는다'는 말과 '생각한다'는 말에 주의해 주십시오. 찾는다는 말은 헬라어로 '제테오'입니다. 이는 지속적인 행동을 의미합니다. 한 번으로 끝나는 것이 아니라 지속하라는 현재시제의 말이지요. 일종의 라이프 패턴이 되라는 것입니다. 생각하라는 것도 마찬가지로 계속해서 집중해서 생각하라는 뜻입니다.

그런데 계속 집중해서 무엇을 생각하고 찾으란 말입니까? 그것은 바로 예수께서 하나님 우편에 앉아 계시는 것을 말합니다. 누가복음 22장 69절을 보면 예수님을 고소하던 제사장들이나 유대의 지도자들에게 예수님은 하나님의 권능의 우편에 앉아 있겠다고 말씀하셨어요. 그 우편은 권능의 자리입니다. 오순절 설교 중에 베드로는 하나님이 예수님을 오른손으로 높이셨다고 하셨습니다. 스데반은 순교할 때 "보라 하늘이 열리고 인자가 하나님 우편에 서신 것을 보노라"^{행 7:56}고 말했습니다. 에베소서 1장에서 바울은 예수 그리스도께서는 하나님의 우편에 서신 자요 지금도 우리를 위하여 간구하시는 자라고 고백했습니다. 요한은 예수 그리스도께서 하나님의 우편에 앉으셔서 우리의 기도에 응답하시고 우리의 기쁨을 충만하게 하신다고 말했습니다.

예수 그리스도를 찾고 생각하면 우리에게 두 가지가 주어집니다. 하나는 모든 사건과 사물과 상황을 예수님의 관점으로 볼 수 있게 됩니다. 하나님 우편에 앉아 계신 그분의 시각으로 바라볼 수 있다는 말입니다. 또 하나는 예수님 우선순위로 살 수 있습니다. 그분을 늘 찾고 생각하면 예수님 중심으로 살게 된다는 것입니다.

이 모든 것은 예수님과 소통하는 것에서 나옵니다. 혼자 생각하고 혼자 결론짓는 것으로는 안 됩니다. 예수님께 물어 보십시오. 대답해 주실 것입니다. 예수님을 바라보십시오. 예수님이 보여 주실 것입니다. 우리 중심에 모셔보세요. 그러면 일평생 예수님과 소통하며 예수님 우선순위, 예수님 중심으로 살 수 있을 것입니다.

우리의 생명이신 그리스도

그 결과 하나님이 우리에게 주신 은혜가 무엇입니까?

바울은 골로새서 3장 4절에서 "우리 생명이신 그리스도께서 나타나실 그때에 너희도 그와 함께 영광 중에 나타나리라"고 말했습니다. 요한 사도는 이 감격을 그의 계시적 언어 구사를 통하여 영광스러운 필치로 써 놓았습니다.

> "또 내가 하늘이 열린 것을 보니 보라 백마와 그것을 탄 자가 있으니 그 이름은 충신과 진실이라 그가 공의로 심판하며 싸우더라

그 눈은 불꽃같고 그 머리에는 많은 관들이 있고 또 이름 쓴 것 하나가 있으니 자기밖에 아는 자가 없고 또 그가 피 뿌린 옷을 입었는데 그 이름은 하나님의 말씀이라 칭하더라 하늘에 있는 군대들이 희고 깨끗한 세마포 옷을 입고 백마를 타고 그를 따르더라 그의 입에서 예리한 검이 나오니 그것으로 만국을 치겠고 친히 그들을 철장으로 다스리며 또 친히 하나님 곧 전능하신 이의 맹렬한 진노의 포도주 틀을 밟겠고 그 옷과 그 다리에 이름을 쓴 것이 있으니 만왕의 왕이요 만주의 주라 하였더라"_ 계 19:11-16

어떤 사람들이 그 은혜를 받습니까? 14절을 보면 희고 깨끗한 세마포를 입은 사람들이라고 했습니다. 우리는 예수 믿을 때에 희고 깨끗하게 되었습니다. 하나님께서는 우리를 의롭다고 인쳐 주셨습니다. 우리는 하나님의 자녀, 하나님의 백성이 되었습니다. 하나님께서는 자기 백성을 아신다고 했습니다딤후 2:19. 비록 세상 사람들이 볼 때는 별 볼일 없고, 누추한 존재라 할지라도 주께서는 우리를 아십니다.

바울은 놀라운 성령의 역사를 통해 예수님을 우리의 생명으로 묘사하는 영적인 상상력을 가졌습니다. 예수님은 우리에게 생명을 주신 분일 뿐 아니라 생명 그 자체라는 것입니다. 그래서 주님이 우리 삶의 중심입니다. 앞으로 예수님께서 오시는 것이 아니라 지금 바로 우리 삶의 중심입니다.

주후 130년경에 포틀레 마이오스라는 천문학자가 있었습니다. 그는 이 세상의 모든 별들은 지구를 중심으로 움직인다고 주장했습니다. 그 후 15세기까지 1300여 년 동안 이 주장은 진리로 받아들여졌습니다. 코페르니쿠스가 모든 별들은 지구를 중심으로 도는 것이 아니라 태양을 중심으로 돈다고 밝히기 전까지는 말입니다. 신학교 다닐 때 어떤 교수님이 "the sun을 중심으로 지구가 돈다. 너희들도 정신 차려라. the son을 중심으로 살라"고 말했습니다. 'the sun'과 'the son'은 발음이 똑같습니다. 'the son'은 예수 그리스도입니다.

지금도 수많은 사람은 이 땅이 전부라고 여기면서 자기중심으로 살고 있습니다. 삶을 낭비하고 있습니다. 아닙니다. 코페르니쿠스 이후에 대개혁이 일어났듯이 오늘 우리는 예수님 중심으로 우리의 삶이 움직이고 있다는 사실을 기억해야 합니다.

14

죄악의 몸에서 벗어나는 삶

어린아이가 밖에서 놀다가 진흙구덩이에서 온몸을 더럽혔다고 생각해 보십시오. 집에 들어온 아이를 어떻게 합니까? 더러워진 옷을 그대로 입힌 채 재우는 어머니를 보셨습니까? 아니지요. 반드시 더러워진 옷을 벗기고 깨끗이 씻긴 후 새 옷을 입혀 재웁니다. 어느 누구도 더러운 옷 위에 새 옷을 입히지는 않습니다.

"옛 사람과 그 행위를 벗어버리고 새 사람을 입었으니" 골 3:9-10.

하나님은 우리를 새 사람 되게 하셨습니다. 예수 그리스도의 피로 깨끗하게 씻어 주셔서 새 사람이 되게 하신 것입니다. 그리고 깨끗해진 우리에게 새 옷을 입혀 주셨습니다. 새 옷을 입으려면 반드시 헌옷을 벗어야 합니다. 마찬가지로 우리가 새 사람이 되려면 땅에 있던 몸의 지체를 죽여야 합니다. 그러기 위해서는 몸에 있는 죄악의 성향을 정리해야겠지요.

그런데 한 가지 문제가 있습니다. 우리는 본래 죄의 종이었어요. 우리가 예수를 믿고 난 뒤에는 죄에서 해방되었고, 예수님이 우리의 새로운 왕이 되셨습니다. 주님이 오셔서 과거의 왕, 마귀를 쫓아냈어요. 죄에 대한 형벌도 끝났습니다. 그럼에도 불구하고 우리는 이 땅에서 죄악 된 육신의 몸을 입고 살아갑니다. 죄악의 성향이 여전히 우리에게 남아 있다는 것입니다. 그래서 예수님께서는 오늘 이 죄악 된 우리의 성향을 벗어버리라고 바울을 통해 말씀하고 계시는 것입니다.

영으로 육의 행실을 죽이라

바울은 "땅에 있는 지체를 죽이라"골 3:5고 했습니다. 그것들을 어떻게 죽여야 할까요? 만약 우리가 마태복음 5장에 나오는 것처럼 오른쪽 눈이 죄를 범한다고 그 눈을 뽑아버린다면 우리 중에 눈뜬 사람은 아무도 없을 것입니다. 오른발이 죄를 범하면 그 발을 찍어버리라고 했는데 그렇게 한다면 우리는 모두 발이 온전하지 못할 것입니다. 그 말씀대로 한다면 우리 몸은 성한 곳이 하나도 없을 겁니다.

이 말은 외과적 수술을 감행함으로써 우리 몸을 찍어버리라는 뜻이 아닙니다. 땅에 있는 지체를 죽이라는 것은 우리의 죄악 된 성향, 곧 악한 욕망을 가져오는 마음을 정리하라는 뜻입니다. 이것은 전적으로 성령님을 의지해야만 가능한 일입니다.

> "너희가 육신대로 살면 반드시 죽을 것이로되 영으로써 몸의 행실을 죽이면 살리니"_롬 8:13

성령으로써 몸의 행실을 죽인다는 것은 성령께 의존하라는 말인데 특히 성령의 검 곧 하나님의 말씀을 가지라는 말입니다.

사실 우리 크리스천 중에 세상 사람과 달리 구별되게 사는 사람이 얼마나 되는지 잘 모르겠어요. 세상 사람들과 똑같이 애들 앞에서 싸우고, 운전하면서 욕하고, 시비가 나면 나이로 해결하려고 하고, 문제는 계급으로 풀려고 하지는 않습니까? 외국의 어떤 교수는 그래서 우리나라 사람들이 노벨상을 못 탄다고 꼬집기도 했지요. 세상을 향한 그리스도인은 달라야 합니다. 성령으로 몸의 행실을 죽여야 합니다. 아이들 앞에서는 감정이 폭발할 것 같아도 "여보, 사랑해요"라고 말할 수 있어야 하고, 나이나 직책 등을 따져서 잘잘못을 가리기보다 문제를 바르게 볼 줄 알아야 하고, 운전할 때는 여유로운 마음으로 양보해야 합니다.

요즘 막말녀, 개똥녀 등 전철에서 벌어진 일이 뉴스에 시도 때도 없이 나오는데 그런 사람이 크리스천이 아니었으면 좋겠어요. 땅에 있는 지체의 행실을 그대로 가지고 어떻게 예수님과 소통할 수 있겠어요? 반대로 썩은 내가 진동하지 않겠어요? 성령께 의존하세요. 옛 사람, 옛 행실, 땅에 있는 지체를 죽이고 영으로써 새 몸을 입기 바랍니다.

개인적인 죄

우리는 몸의 지체를 죽이되 크게 두 가지로 나누어서 죽여야 합니다. 하나는 개인적인 것이고 또 하나는 사회적인 것입니다. 하나는 감정적인 영역에 속하는 것이고 다른 하나는 언어적인 영역에 속하는 것입니다.

우선 개인적인 것부터 살펴보겠습니다.

> "그러므로 땅에 있는 지체를 죽이라 곧 음란과 부정과 사욕과 악한 정욕과 탐심이니 탐심은 우상숭배니라"_ 골 3:5

몇 가지를 말하고 있습니까? 음란과 부정과 사욕과 악한 정욕과 탐심, 다섯 가지입니다. 이것은 이 땅에 살고 있는 우리의 죄악 된 몸과 관계가 있습니다. 우리의 옛 생활, 과거 육체가 가진 본성의 핵심이라고 말할 수 있습니다. 이것은 또 우리의 성적인 욕구와 관계된 것에 주목해야 합니다.

음란

그동안 한국 교회는 성에 대한 문제를 강단에서 거의 언급하지 않았습니다. 하지만 갈수록 음란해지는 우리 사회를 볼 때 그냥 지나칠 수 없어 이 문제를 다루려고 합니다.

하나님께서 인간을 만드실 때 남성과 여성이라는 성적인 존재로 창조하셨습니다. 성은 하나님께서 창조하셨기 때문에 더러운 것이 아닙니다. 그것은 하나님께서 허락하신 삶의 중요한 부분입니다. 성은 우리에게 품위와 균형과 일상성과 건강함을 갖게 해주는, 하나님께서 계획하시고 의도하신 것입니다.

성경에서 말하는 성은 삶을 따라 흐르는 큰 강물과 같습니다. 강물이 강둑 안에서 흐를 때 그것은 즐거움과 건강과 에너지의 원천이 됩니다. 그러나 강둑을 넘어 범람할 경우에는 파괴와 재앙을 가져옵니다. 한순간에 인생을 무너뜨리는 영적인 쓰나미가 됩니다.

중국의 황제들이 나라를 다스릴 때 중요하게 생각했던 것 중의 하나가 치수였습니다. 황하와 양자강의 물길을 어떻게 제대로 잡을 것인지를 항상 고민했다는 것입니다. 성의 문제도 마찬가지입니다. 이를 어떻게 다루느냐에 따라 인생이 갈립니다. 즐겁고 경건하고 힘 있는 인생을 살 것인가, 아니면 파괴적이고 허망하고 치욕스럽고 낭비하는 인생을 살 것인가가 결정된다는 얘깁니다.

이런 이유로 주님께서는 땅에 있는 지체를 죽이라고 권면하시면서 가장 먼저 '음란'이라는 단어를 썼습니다. 이 말은 영어로 'sexual immorality'인데 온갖 종류의 결혼 밖의 성적인 관계를 말합니다. 거룩이 하나님의 얼굴이라면, 음란은 악마의 손끝에 달린 눈입니다. 성경에서는 음란이 분명한 죄라고 이야기합니다.

부정

두 번째로 '부정'impurity을 죽이라고 했습니다. 이것은 불결함을 뜻합니다. 변태적인 섹스, 잘못되고 왜곡된 성을 의미합니다. 동성애, 미성년자 추행, 성도착증 등이 여기에 해당됩니다. 오늘날 횡행하고 있는 잘못된 채팅 행위를 통한 성적인 관계, 번개팅 같은 것도 예외일 수 없습니다.

한국에는 지금 저 밑바닥에 이같이 더럽고 추악한 것들이 흐르고 있습니다. 그것이 사회 전체를 혼탁하게 만들고 있습니다. 심지어 교회 내에서조차도 이 문제로 넘어지는 사람들이 있어요. 우리는 오늘 주님의 경고의 말씀을 들어야 합니다. 이것을 죽여야 합니다.

사욕

세 번째는 '사욕'lust입니다. 이것은 눈으로 보는 것을 통해 충동을 받는 것입니다. 특히 남자들에게 해당됩니다. 시각을 통해 나타나는 관능적인 격정을 지칭합니다. 포르노를 비롯해 성적인 욕구와 관능을 강하게 자극하는 것들이 이에 해당됩니다.

서울은 이미 세계에서 가장 타락한 도시 중의 하나가 됐습니다. 곳곳마다 지뢰밭입니다. 욕망의 거리에 우리는 노출되어 있습니다. 우리는 보는 것을 조심해야 합니다.

악한 정욕

네 번째는 '악한 정욕'입니다. 이것은 사욕과 연결된 것으로 사욕이 육체적인 것이라면 악한 정욕은 정신적인 것입니다. 바울이 데살로니가 교우들에게 "하나님을 모르는 이방인과 같이 색욕을 따르지 말고"살전 4:5라고 했는데 이때 사용된 '색욕'이라는 말과 같은 용어입니다.

탐심

바울이 마지막으로 얘기한 것은 '탐심'greed입니다. 앞에 언급한 네 가지는 탐욕이라는 단어에 의해서 자랍니다. 탐욕은 죄들의 모판이라고 말할 수 있습니다.

탐심은 또 우상숭배라고 했습니다. 탐욕이 모든 죄의 근원이라는 뜻입니다. 예를 들면 이런 것입니다. 돈에 대한 탐심이 도둑질로 이끕니다. 명예에 대한 욕망이 악한 영성으로 우리를 떨어뜨리지요. 권력에 대한 욕망이 독재로 끌고 갑니다. 여자에 대한 욕망이 십계명 중 일곱 번째 계명을 범하게 만듭니다. 다윗이 밧세바를 보고 이 탐심에 빠진 것이 아닙니까?

하나님이 원하시는 것보다 내가 원하는 것이 더 커질 때 그 바탕에는 우상숭배가 깔려 있지 않습니까? 그래서 이것을 모든 죄악의 근본이라고 한 것입니다. 특히 구약성경에서 성적인 죄는 반드시 우상숭배와 연결되어 있는 것을 봅니다. 이스라엘 백성이 이방 신우상을 숭배할 때마다 의식의 일부로 성적인 잔치가 베풀어졌고 이것이 정당화되었습니다. 그들은 그 의식을 통해, 즉 난교亂交를 통해 그들의 부패한 정욕을 채우기 일쑤였습니다.

요즘도 여러 직분으로 복음을 전하다가 성적인 범죄로 무너지고 깨지는 사람들이 많습니다. 어떤 사람은 불륜의 현장에서 도망치려다 창문에서 떨어져 죽기도 했습니다. 이런 일이 왜 생기는지 모르겠습니다. 하나님께 회개할 뿐입니다. 하나님이 정해 놓은 울타리 안에 거할 때 성적인 죄들은 모두 없어질 것입니다. 하나님이 짝지어 주신 내 여자, 내 남자 외에 왜 탐심을 품습니까? 오늘 회개하고 하나님이 정해 주신 내 짝 외에 가졌던 모든 탐심을 내려놓기를 기도합니다.

하나님의 진노가 임하느니라

그 누구도 인간의 무한한 욕망을 채울 수는 없습니다. 계속해서 새로운 사랑의 행위, 새로운 애정관계를 찾는 사람에게 물어보십시오. 그렇게 하니 정말 채워지더냐고. 그럴수록 더 갈증을 느낄 뿐입니다. 이것은 마치 바닷물과 똑같습니다. 겉으로 보기에는 시원해 보일지 몰라도 먹을수록 갈증을 느끼는 바닷물과 같습니다.

그런데도 사람들이 왜 이것에 매이는지 아십니까? 스킨십이나 성관계를 통해 자신의 깊은 고독과 외로움, 사랑받고 싶은 욕구가 해결되리라고 오해하기 때문입니다. 남편 이외에, 아내 이외에 다른 사람들과 관계를 맺고 시간을 보내면 내 깊은 삶의 고독이 해결되리라고 오해하는 것입니다.

하지만 기억하십시오. 인간으로부터 채움 받고 인간으로부터 해결 받는 것은 불가능합니다. 아내 혹은 남편 이외의 새로운 관계를 통해 영혼의 굶주림과 공허를 메우려 하면 할수록 우리는 더 절망에 빠질 것입니다. 요한복음 8장의 현장에서 간음하다 붙잡혀 온 여인이 이를 증명하고 있지 않습니까?

주님께서는 "이것들로 말미암아 하나님의 진노가 임하느니라"골 3:6고 말씀하십니다. 하나님의 진노라는 것이 지금 당장 발끈해서 우박으로 사람을 치신다는 뜻이 아닙니다. 하나님은 거룩하셔서 죄를 보면 견딜 수가 없다는 말입니다.

믿지 않는 사람들은 진노를 쌓고 있는 것이고, 믿는 사람들은 하나님의 징계를 피할 수가 없는 것입니다. 하나님께서 지금 징계하지 않는다고 이 일을 계속하겠습니까? 독사의 굴에 손을 넣어 물릴 이유가 없습니다. 다시 덫에 걸리려고 일부러 어리석은 짓을 할 이유가 없는 것입니다. 예수님 때문에 부유해진 우리가 빈민가로 다시 돌아가 가난에 허덕일 이유가 있겠습니까? 하나님 진노의 잔이 우리를 피해 가기를 바랍니다.

사회적인 죄

다음으로 사회적인 죄의 목록을 살펴보겠습니다.

> "이제는 너희가 이 모든 것을 벗어버리라 곧 분함과 노여움과 악의와 비방과 너희 입의 부끄러운 말이라"_골 3:8

여기서 '벗어버리라'는 단어는 옛 삶의 더럽고 낡은 누더기를 벗어버리라는 뜻입니다. 바울은 초대교회의 세례를 염두에 두고 이 말을 했습니다. 초대교회에서는 세례를 받을 때에 옛 옷을 벗어버리고 하얀 새 옷을 선물로 받았습니다.

분노, 악의, 비방, 부끄러운 말

우리가 가장 먼저 벗어버릴 것은 분노입니다. 분노 자체가 나쁜 것은 아닙니다. 여기서 말하는 것은 작정을 하고 모욕을 가하는 것을 멈추라는 뜻입니다.

다음으로 악의입니다. 이것은 보복을 부르는, 마음속 깊은 곳에 숨겨둔 증오를 말합니다. 한마디로 말해 복수하고 싶은 마음을 그만두라는 것이지요.

다음은 비방입니다. 이는 사실 여부를 떠나서 가십으로 다른 사람의 성품을 공격하고 거짓말로 떠들고 다니는 것을 뜻합니다. 소위 말해 인신공격하는 것이지요. 나와 생각이 다르다고 해서 상대의 인격까지 공격해서는 안 됩니다.

마빈 토케이어의 『성전 탈무드』에 나오는 한 대목입니다. 여기에 한 수다쟁이 여자가 나오는데, 어느 날 랍비는 그녀에게 이런 일을 시켰습니다. 자루에 깃털을 담아서 집에 가는 동안 깃털을 하나씩 길에 꺼내 놓았다가 돌아오는 길에 다시 자루에 담아오라고 했습니다.

그녀는 랍비가 시킨 대로 자루에 든 깃털을 하나씩 길바닥에 내려놓으면서 집으로 갔고 집에 도착하니 자루는 텅 비었습니다. 이번에는 빈 자루를 들고 온 길을 되짚어가며 깃털을 주워 담으려고 했습니다. 그러나 깃털은 이미 바람에 날려 어디론가 사라져 버렸고 결국 몇 개밖에 줍지 못했습니다. 돌아온 수다쟁이 여자에게 랍비가 말했습니다.

"세상의 가십이란 그 자루 속의 깃털과 같습니다. 일단 입에서 나가 버리면 다시 찾을 수가 없는 겁니다."

그 후 그 여자의 버릇은 고쳐졌다고 합니다.

마지막으로 부끄러운 말입니다. 쉽게 말해 거칠고 상스럽고 난폭한 말입니다. 우리는 더 이상 이런 말을 해서는 안 됩니다. 아무리 좋은 말이라도 욕을 하며 전해선 안 됩니다. 인간의 죄악된 속성이 그대로 드러나는 부끄러운 막말은 해로운 소통일 뿐입니다. 대화가 오고갈수록 자신들 속에만 갇혀 감정을 격하게 만들고 그 너머에 대해서는 적대감을 일으키는 것은 해로운 소통입니다. 사람을 죽이는 소통입니다. 우리는 사람을 살리는 소통을 해야 합니

다. 그런 소통이야 말로 진정한 소통, 숨 쉬게 해서 목숨을 살리는
숨통입니다.

거짓말-가짜 자아를 구별하라

바울은 여기에 덧붙여 "너희가 서로 거짓말을 하지 말라"골 3:9고
권면합니다. 옥한흠 목사님도 『우리가 바로 살면 세상은 바뀝니다』
에서 다음과 같이 말합니다.

도스토예프스키는 이렇게 말했습니다. "인생에서 무엇보다 어
려운 것은 거짓말하지 않고 사는 것이다." 사람들은 거짓말인 줄
알면서도 고개를 끄덕여 주는 것을 훌륭한 처세술로 생각합니다.
그렇다고 거짓말을 어쩔 수 없는 현실로 용납해야 할까요? 결코
그럴 수 없습니다. 이 사회가 거짓말로 물들어가는 것을 마냥 보
고만 있으면 안 됩니다. 거짓으로 병들어가는 사회를 고쳐야 할
책임이 우리에게 있습니다. 우리가 이 책임을 바로 감당하기 위해
서는 우리 자신부터 거짓을 버려야 합니다.

지미 카터 전 미국 대통령이 이란에 억류되어 있는 인질 문제로
기자회견을 할 때 있었던 일입니다. 회견 도중에 한 기자가 대통
령에게 엉뚱한 질문을 던졌습니다.

"각하께선 대통령으로서 거짓말을 하신 일이 한 번도 없습니까?"

곤란한 질문이었습니다. 그러나 카터 대통령은 주저하지 않고
이렇게 대답했습니다.

"물론 있습니다. 그러나 알면서 고의적으로 거짓말한 적은 한 번도 없습니다. 어떤 이권이나 국가적인 이익을 위해 잠시 거짓말을 했다가 나중에 그 사실이 탄로 난다면 얻는 것보다 잃는 것이 더 많으리라는 것을 잘 알고 있기 때문입니다."

예수님을 믿는 사람이라면 이런 용기를 가지고 세상에 나가야 되지 않겠습니까? 모든 사람이 "저 사람이라면 믿어도 돼"라고 인정할 정도로 신임받는 사람이 되어야 하지 않겠습니까? 그럴 때 이 사회가 치유되고 개혁될 것입니다.

저는 여기에 한 가지를 덧붙이고 싶습니다. 아니, 덧붙인다기보다 조금 다른 각도로 거짓말을 해석하고 싶습니다. 그것은 진짜 자아와 거짓 자아를 구별하는 것입니다. 거짓말을 한다는 것은 가짜 자아에 속는 것을 의미한다고 할 수 있습니다.

그렇다면 가짜 자아와 진짜 자아는 무엇일까요? 한 가지 예를 들어보겠습니다. 세상은, 특히 요즘 텔레비전 드라마나 영화를 보면 자기감정에 충실하라고 이야기합니다. 자기감정에 솔직하라는 것입니다. 열 받으면 욕하고, 마음이 통하면 누구하고라도 관계를 가지라고 말합니다. 그냥 끌리는 대로 살라는 것입니다. 정말 그래야 할까요? 가짜 자아는 그러라고 할 것입니다. 하지만 진짜 자아는 절제하라고 말합니다.

거친 파도가 날 향해 올 때 주와 함께 날아오르는 것이 진짜 자아입니다. 그때 기도하고 찬양하는 것을 세상 사람들은 위선이라고 말하지만 크리스천의 진짜 위선은 옛 것, 즉 죄악의 몸에 자신을 방치하는 것입니다. 화난다고 화내고, 남들에 대해 가십을 일삼고, 솔직하게 산다는 것을 빌미로 감정을 따라 말하고, 하고 싶은 대로 함부로 말하고, 성적인 면에서 육신의 정욕을 따라 마음대로 살고……. 바로 이런 것들이 진짜 위선이라는 얘깁니다. 바로 이런 것들이 9절에서 말하는 거짓말이라는 거예요.

성경에서 거짓은 가증한 것이라고 말했습니다. 그것은 신뢰를 깨뜨리고 의심을 심어 주기 때문입니다. 오늘날 우리나라의 정치, 경제, 사회, 심지어 교회 안에도 이 같은 거짓이 만연하고 있습니다. 우리 모두는 회개해야 합니다.

유혹받을 때 주님께 달려가라

오늘 나는 특별히 젊은이들에게 눈물로 요청하고 싶습니다. 여러분들이 얼마나 어려운 시대를 지나가는지 나는 잘 알고 있습니다. 내가 젊었을 때는 인터넷을 통한 채팅이나 도박, 성적인 유혹이 덜했습니다. 휴대전화도 없었고 오빠라고 불러 주는 사람도 없었습니다. 포르노와 게임과 폰팅과 채팅과 도박과 지나친 과소비와 중독 등 사탄이 파 놓은 함정이 우리 시대에는 지금만큼 없었어요. 설령 있다 하더라도 죄악의 그물망이 지금처럼 촘촘하지 못했어요.

나에게는 이런 함정에 빠진 청년들이 종종 이메일을 보내옵니다.

"목사님, 하고 싶지 않은데 이렇게 해서는 안 되는 줄 아는데 나는 아무개와 잤습니다. …… 내 팔뚝을 끊고 싶었습니다. 가슴을 찌르고 싶었습니다. 죽고 싶었습니다. 한강에라도 뛰어들어 자살하고 싶었습니다. 그런데 안 되는 줄 알면서도 저는 또 했습니다."

이것들을 보면 얼마나 답답하고 안타까운지 모르겠습니다. 정신을 차려야 합니다. 깨어 기도해야 합니다. 마귀는 오늘도 우는 사자와 같이 삼킬 자를 찾고 있습니다. 마귀는 지금도 우리를 노략하고 잡아먹으려고 공격하고 있습니다.

여기 해결 방법이 있습니다.

> "거기에는 헬라인과 유대인이나 할례파나 무할례파나 야만인이나 스구디아인이나 종이나 자유인이 차별이 있을 수 없나니 오직 그리스도는 만유시요 만유 안에 계시니라"_골 3:11

헬라인이나 유대인이나 할례파나 무할례파나 야만인이나 스구디아인이나 종이나 자유인이 다 하나라는 뜻입니다. 하지만 더 중요한 것은 예수님은 헬라인도 예수 믿게 하시고, 유대인도 변화시켜 주시고, 할례파도 깨어지게 하시고, 무할례파도 완전히 주님 앞에 부복하게 하시고, 야만인이나 스구디아인, 종이나 자유인까지도 주님 안에서 완전히 새로운 존재로 만들어 주신다는 것입니다. 우리가 주님께로 가기만 하면 말입니다.

헤로도토스라는 역사가는 이렇게 말했습니다.

"스구디아인처럼 야만인이 없다. 이 스구디아인은 사람을 죽여서 피를 빨아먹는 사람들이었다. 이들은 사람을 죽여 머리 가죽을 벗겨서 그것을 수건 삼아 머리에 걸고 다녔다. 이 사람들은 해골을 가지고 그릇을 만들고 술잔을 만들었다. 그런데 이 사람들이 예수 믿고 헬라인보다도 더 지성인이 되었다. 예수 믿고 완전히 삶이 바뀌었다. 그것이 복음의 능력이었다."

스구디아인도 하나님이 은혜를 주심으로 이처럼 지성의 사람으로 바뀌었다면 우리 중 그 누구도 핑계하지 못할 것입니다.

"우리 아버지가 알코올 중독자였기 때문에……."

"우리 부모님이 이혼했기 때문에……."

"우리 집안은 성적으로 방종한 집안이기 때문에……."

○○ 때문에 나는 어쩔 수 없다고, 그것 때문에 나는 내 맘대로 살아도 좋다고 말할 수는 없는 것입니다. 그 어떤 것도 이유가 될 수 없습니다. 헬라인도 야만인도 종이나 자유자도 예수 그리스도는 바꾸어 주십니다. 주님은 새롭게 해주십니다.

유혹을 받을 때나 시험에 들려고 할 때 주님을 기억하십시오. 주님께 달려가십시오. 모든 정욕으로부터, 죄악의 몸으로부터 벗어날 수 있도록, 영적으로 비상할 수 있도록 주님께서 우리를 붙잡아 주십니다. 우리는 모두 다 새사람이 되었습니다.

"새사람을 입었으니 이는 자기를 창조하신 이의 형상을 따라 지식에까지 새롭게 하심을 입은 자니라"_골 3:10

15

일곱 가지 새 옷을 입은 삶

가끔 집에 들어가다 보면 젊은 사람들이 군복을 입고 골목에 한둘씩 서거나 앉아서 예비군 훈련 받는 것을 볼 수 있습니다. 그런데 참 이상한 것은 남자들은 군복만 입으면 사람이 달라집니다. 거기에는 교사도 있고, 회사원도 있고, 변호사도 있고, 의사도 있을 텐데 군복만 있으면 하나같이 아무 바닥에나 털썩 주저앉고, 예쁜 여자가 지나가면 입에 손가락을 넣어 휘파람을 불기도 합니다. 모두가 그럴 수 있다는 듯 바라보고 모른 척합니다.

이게 군복의 힘입니다. 군복을 입는 순간 지금 자신의 처지가 어쨌든 군인으로 거듭나 버리죠. 군복만이 아닙니다. 법관이 입는 옷, 의사의 가운, 요리사의 모자, 신부의 드레스, 목사의 예복 등 어떤 옷을 입으면 그 옷이 주는 권위를 함께 입게 됩니다. 자기가 입은 옷이 가진 권위대로 행동하게 됩니다.

그렇다면 여러분은 지금 무슨 옷을 입고 있습니까? 허세의 옷, 권위의 옷, 거짓의 옷, 게으름의 옷……. 무엇을 입고 지냈는지 한 번 돌아보기 바랍니다. 그리고 이제 그 옷들을 벗고 새 옷을 입기 원합니다. 바울은 이제 그리스도인이 입어야 할 옷을 이야기합니다.

"긍휼과 자비와 겸손과 온유와 오래 참음을 옷 입고 …… 서로 용납하여 피차 용서하되"_ 골 3:12-13

혹시 이 옷들이 여러분이 기대하던 옷입니까? 은근히 바라던 옷이 아니지 않습니까? 성공의 턱시도, 학벌의 사각모, 쫙 빠진 비키니, 법정의 가운 같은 게 아니어서 실망했을지 모르겠습니다. 분명한 것은 바울이 말하는 새 옷은 적극적인 사고방식으로 말하는 세상 사람positive thinker들과는 다르다는 겁니다. 그들은 좋은 게 좋은 것이니 좋은 것만 생각하자고 합니다. 얼마 전 대형 베스트셀러가 되었던 『시크릿』이라는 책을 조심하십시오. 하나님, 예수님, 성령님 빼고 하늘에 누가 있어 하늘을 향해서 빌기만 하면 원하는 게 이뤄진다는 건지 정말 알다가도 모를 일입니다.

이제부터 바울이 말한 우리가 입어야 할 일곱 가지 새 옷에 대해서 이야기해 보겠습니다.

우리가 입어야 할 새 옷

긍휼

바울은 골로새서 3장 12-13절에서 우리가 입어야 할 일곱 가지 새 옷을 말합니다.

그중 첫 번째가 긍휼의 옷입니다. '긍휼'은 헬라어 원어로 보면 서로 불쌍히 여기는 마음입니다. 다른 사람에 대해 연민의 감정을 갖는 것입니다.

"옛날에는 괜찮았는데 요즘은 왜 그래?"

남편들은 아내에게 이런 말을 하면 안 됩니다. 아침에 일어나 좀 부스스하더라도, 아이 낳고 살림하느라 살이 좀 쪘어도 긍휼히 여겨 주십시오. 아내들도 밖에서 힘들게 일하고 들어온 남편을 불쌍히 여겨 주세요. 신문에 얼굴을 파묻고 쓸쓸히 앉아 있으면 연민의 정을 가지고 봐 주세요. 공부에 지친 아이들에게도 따뜻한 마음을 갖고 긍휼히 여겨 주세요.

교회에서도 목회자를 볼 때, 또 교회의 리더십을 볼 때, 아니면 교우들 서로서로가 긍휼의 마음을 갖고 서로를 대해 주길 바랍니다.

자비

두 번째는 자비입니다. 긍휼이 내적인 것이라면 자비는 외부로 표현된 것입니다. 영어로 'kindness'인데 말 그대로 친절하게 대하는 것입니다. 점심에 초대도 하고, 사랑한다고 말해 주기도 하는 등 마음에 담고 있는 것을 겉으로 표현하는 것입니다.

이것은 한국 사람들이 잘 못하는 거예요. 주일에 교회에서 교우들끼리 마주쳐도 그냥 지나치는 게 보통이에요. 하지만 이제부터는 바꾸시기를 바랍니다.

"반갑습니다."

"안녕하십니까? 좋은 주일입니다."

비록 짧은 인사라도 서로의 마음을 밝게 해줄 것입니다.

4세기의 위대한 교부 어거스틴을 알 것입니다. 그런데 그냥 어거스틴이 위대한 어거스틴이 될 수 있었던 이유가 뭔지 아십니까? 도시로 나가 이교를 탐닉하고 성적 방종을 일삼으며 방탕한 생활을 하던 그를 따뜻하게 격려하고 친절하게 대해 준 암브로시우스라는 위대한 감독이 있었기 때문입니다. 그가 베푼 자비로 말미암아 어거스틴은 예수님을 믿고 하나님의 사람으로 변화되어 오는 세대에 정말 귀한 영향을 끼치게 된 것입니다.

재키 로빈슨이라는 미국 메이저리그 최초의 흑인 야구선수가 있었습니다. 그는 어느 날 브루클린 구장에서 경기를 하다가 볼을 놓치는 실수를 하고 말았습니다. 인종차별이 자행되던 시기라 많은 사람들, 특히 백인 관중들이 그에게 야유를 보내고 욕설을 퍼부었습니다.

그때 같은 팀의 백인 선수 리즈가 로빈슨에게 다가가 끌어안았습니다. 그 모습을 지켜보던 관중들은 일순간 조용해졌습니다. 이후 로빈슨은 그때를 회상하며 자신의 어깨를 감싸준 동료의 팔이 자신의 인생을 구원해 주었다고 고백했습니다.

암브로시우스와 리즈처럼 따뜻한 마음을 꺼내어 행동으로 보여주시길 진심으로 바랍니다.

겸손

세 번째는 겸손입니다. 존 스토트 목사님은 겸손을 기독교 최고의 덕목이라고 말했습니다. 겸손의 반대되는 개념이 무엇입니까? 교만이지요. 성경에서 교만은 패망의 선봉이요 거만한 마음은 넘어짐의 앞잡이라고도 했고, 교만은 멸망의 선봉이요 겸손은 존귀의 길잡이라고도 했습니다.

세탁소에 갓 들어온 새 옷걸이한테 헌 옷걸이가 한마디하였다.
"너는 옷걸이라는 사실을 한시도 잊지 말길 바란다."
"왜 옷걸이라는 것을 그렇게 강조하시는지요."
"잠깐씩 입혀지는 옷이 자기의 신분인 양 교만해지는 옷걸이들을 그동안 많이 보았기 때문이다."

정채봉 선생님의 『처음의 마음으로 돌아가라』에 나오는 이야기인데 짧지만 긴 여운을 남깁니다. 우리는 자신을 정확하게 알아야 합니다. 우리가 겸손으로 옷 입고 겸손으로 허리를 맬 때 남을 나보다 낮게 여길 수 있습니다. 또 남을 도울 수 있는 위치, 다른 사람을 통제할 수 있는 위치에 있는 사람이 겸손할 때 더 큰 영향력을 발휘하는 것을 봅니다.

한국 사람은 제대로 된 위치에 있는 사람치고 겸손한 사람이 별로 없고, 또 겸손하면 제대로 된 위치에 있지 못하다는 말을 듣습니다. 참 부끄러운 일입니다. 예수님은 하나님의 아들일지라도 겸손하셨습니다. 여기서 능력이 나옵니다. 우리는 예수님처럼 하나님의 자녀가 되었으니 겸손해야 합니다.

온유

네 번째는 온유입니다. 이는 유약한 것, 연약한 것을 말하는 것이 아닙니다. 온유에는 두 가지 뜻이 있습니다. 하나는 절제할 수 있는 힘 혹은 통제할 수 있는 능력을 가리킵니다. 이 단어는 마음을 달래 주는 사람, 병을 낫게 하는 약, 날뛰는 망아지가 아니라 길들여진 말 등에 사용된 말입니다. 진정으로 강한 사람은 자기가 얼마나 힘이 있는지 자랑하고 나타내는 사람이 아니라 자신을 통제할 줄 아는 사람입니다. 주님께서는 마태복음 11장 29절에서 "나는 마음이 온유하고 겸손하니 나의 멍에를 메고 내게 배우라 그리하면 너희 마음이 쉼을 얻으리니"라고 말씀하셨습니다.

온유에는 또 마땅히 할 수 있는데도 기꺼이 포기한다는 뜻이 담겨 있습니다. 내가 누릴 수 있는 것보다 하나 덜 누리고, 따지고 싸울 수 있는데 안 싸우고, 마땅히 과시할 수 있는데 과시하지 않고, 마땅히 요구할 수 있는데 요구하지 않고, 자신의 이득을 취할 수 있는데 기꺼이 양보하는 것입니다.

오래 참음

다섯 번째는 오래 참음입니다. 문자 그대로 오래 참고 인내하는 것입니다. 남의 잘못을 칼끝같이 지적하는 것이 아니라 참고 기다리고 인내하는 거예요. 참 용기라는 말을 들어보셨습니까? 그것은 참고 용서하고 기다린다는 뜻입니다. 소극적으로 말하면 한 걸음 물러나서 꾹 참는 것입니다. 말도 안 되는 일이지만 예수님 때문에 참을 인忍 자 세 개를 가슴에 새기는 것입니다.

용납

여섯 번째는 용납입니다. 이것은 오래 참음과 비슷한 것인데 오래 참음이 소극적인 것이라면 용납은 적극적인 용어입니다. 용납은 오히려 남을 돕고, 알아주고, 세워 주고, 붙잡아 주는 것입니다. 그래서 자신을 삼가고 참을 뿐 아니라 남의 이익을 위하여 축복의 근원이 되어 주고, 은총의 통로가 되어 주는 것입니다.

'내가 축복의 근원이 되어야지.'

'오늘도 나 때문에 남들이 성공하도록 만들어야지!'

'나로 인해 남들이 은혜 받도록 해야지.'

매일 아침 이렇게 다짐하고 "주여, 제가 남들을 영적으로 성공시키는 사람이 될 수 있도록 붙잡아 주십시오"라고 기도하십시오.

용서

일곱 번째는 용서입니다. 바울은 골로새서 3장 13절 후반부에서

"주께서 너희를 용서하신 것같이 너희도 그리하"라고 했습니다.

이것은 무턱대고 내 감정을 억누르라는 말이 아닙니다. 비록 감정이 남아 있더라도 감정은 그냥 감정으로 끝내 버리라는 말입니다. 꽁생원처럼 꽁하게 있지 말고 잊어버리라는 것입니다. 용서하지 못할 일들을 붙잡고 힘들어하지 말고 필리핀의 저 깊은 마리아나 해구에 상대방의 좋지 못한 것들을 다 던져버리고 그 위에다가 팻말을 하나 꽂으라는 것입니다.

'NO FISHING낚시 금지!'

이는 코리 텐 붐 여사가 제일 먼저 쓴 말입니다. 우리가 잘 알고 있는 이야기입니다. 그녀는 네덜란드 사람으로 제2차 세계대전 중에 유태인을 숨겨 주었다가 발각되어 나치수용소에 수감되었습니다. 그곳에서 이루 말할 수 없는 갖은 고문을 당했지요.

전후 그녀는 복음전도자가 되어 용서의 메시지를 전했는데 한 번은 독일에 초청을 받았습니다. 집회를 마치고 사람들과 인사를 나누던 그녀는 깜짝 놀랐습니다. 한 노신사가 와서 인사를 하는데 그는 다름 아닌 나치수용소에서 그녀를 고문했던 전범이었기 때문입니다.

'다른 사람은 다 용서해도 이 사람만큼은 도저히 용서할 수 없습니다.' 코리 텐 붐은 마음속으로 울부짖었습니다. 그때 조용한 주님의 음성이 들려왔습니다.

"얘야! 난 그 사람까지도 구원하기 위해 십자가를 졌단다."

그녀는 그 즉시 회개했습니다. 그리고 놀라운 주님의 사랑과 용서의 은혜를 마음속 깊이 깨닫고 그를 용서할 수 있었습니다.

코리 텐 붐 여사는 그 일을 언급하며 이 말을 한 것입니다. 용서란 상대에게 받은 모든 안 좋은 것들을 저 깊은 바닷속에 던져 버리고 낚시 금지라는 팻말을 꽂는 것이라고요. 용서는 던져 버리고 기억하지 않는 것입니다. 성경에도 이런 구절이 나옵니다.

"다시 우리를 불쌍히 여기셔서 우리의 죄악을 발로 밟으시고 우리의 모든 죄를 깊은 바다에 던지시리이다" _미 7:19

우리가 주님께 죄를 용서받기 위해 필요한 조건은 없습니다. 그러나 우리가 날마다 신선하게 살기 위해서는 용서가 필요합니다.

스위스의 심리학자이자 정신과 의사로 유명한 폴 투르니에라는 사람이 있습니다. 그가 쓴 『폴 투르니에의 치유』라는 책에 이런 이야기가 나옵니다. 악성빈혈로 고생하던 한 여인이 6개월 동안 통원 치료를 받았지만 낫기는커녕 점점 더 악화되었습니다. 그러자 의사는 아무래도 안 되겠다며 입원해서 집중적으로 치료해 보자고 제안했고 여자도 그러기로 했습니다. 하지만 약속한 날짜에 그 여자는 오지 않았습니다.

그런데 이게 웬일입니까? 일주일 만에 나타난 여자는 예전의 그녀가 아니었습니다. 얼굴빛이 환했고, 검사를 받아봤는데 빈혈이 깨끗이 나은 겁니다. 그때 의사가 물었습니다.

"대체 무슨 일이 있었던 겁니까?"

"제가 오랫동안 미워하던 사람이 있었는데 며칠 전에 그를 찾아가서 용서했습니다."

이것은 지어낸 이야기가 아니라 실제로 있었던 일을 기록한 것입니다. 반년 동안 치료해도 좀처럼 낫지 않던 악성빈혈이 미워하던 사람을 찾아가 용서하고 나니 단번에 치료됐다는 거예요. 놀랍지 않습니까? 용서의 위력은 실로 대단합니다. 용서는 그 어떤 것보다 강력한 힘이 있습니다.

용서에는 두 가지 뜻이 담겨 있습니다. 첫째는 남의 잘못을 다시 언급하지 않겠다는 것입니다. 마치 그 일이 일어나지 않았던 것처럼 그 사람을 대해 주는 거예요. 용서는 과거의 잘못을 자꾸 환기시키며 괴롭히는 것이 아닙니다. 용서는 자꾸 되뇌지 않고 잊어버리는 것입니다. 또 하나는 내가 용서했다는 사실조차도 잊어버리는 것입니다.

'내가 용서해 줬는데도 나를 이런 식으로 대하다니……'

'내가 저한테 어떻게 했는데 날 이런 식으로 대우해?'

'인간의 탈을 쓰고 어떻게 저럴 수가 있어?'

자꾸 되뇌다 보면 나만 죽는 거예요.

"내가 널 용서해 줬잖아. 너도 알지? 그러니 갚아!"

주님께서 우리를 용서하신 것을 자꾸 생각하면서 우리에게 이렇게 말씀하시지 않잖아요. 그러니 우리도 마땅히 그래야 합니다.

이 모든 것에 사랑을 더하라

바울은 끝으로 "이 모든 것 위에 사랑을 더하라"_{골 3:14}고 권면했습니다. 왜 그렇습니까? 그것이 온전하게 매는 띠이기 때문입니다. 사랑이 긍휼과 자비와 겸손과 온유와 오래 참음과 용납과 용서라는, 흩어진 일곱 개의 구슬을 묶어 주는 역할을 한다는 것이지요.

우리가 사랑할 수 있는 것은 우리가 주님께 사랑받는 자가 되었기 때문입니다.

> "그러므로 너희는 하나님이 택하사 거룩하고 사랑받는 자처럼"
> _ 골 3:12

우리가 하나님의 사랑을 받은 자처럼 긍휼과 자비와 겸손과 온유와 오래 참음을 옷 입고 서로 용납하고 서로 용서하면 하나님은 우리에게 평강을 주십니다.

> "그리스도의 평강이 너희 마음을 주장하게 하라 너희는 평강을 위하여 한 몸으로 부르심을 받았나니 너희는 또한 감사하는 자가 되라"_ 골 3:15

여기에 나오는 '주장하게 하라'는 말은 헬라어 원어로 보면 이 사람이 상을 받을 자인지 아닌지 판별하는 심판자라는 뜻입니다.

게임을 정상적으로 잘 감당하는 사람에게는 상을 주고, 반칙하거나 엉터리로 하는 사람에게는 경고를 주거나 퇴장시키는 게 심판의 역할이 아니겠습니까? 그러니까 앞에서 살펴본 일곱 가지 새 옷을 입고 사는 사람에게는 하나님께서 상을 주시는데 그 상이 바로 평강이라는 것이지요. 바꾸어 말하면 평강이 우리의 삶을 평가해 주는 하나의 체킹 시스템이란 말입니다.

이때 우리가 주의할 게 하나 있습니다. 그것은 거짓 평안입니다. 잠깐 동안의 평안도 있다는 것입니다. 요나의 경우가 대표적입니다. 그는 니느웨로 가라는 하나님의 말씀을 어기고 다시스로 도망갔습니다. 가는 도중 폭풍을 만났는데 요나는 배 밑층에서 쿨쿨 잠을 자고 있었어요. 폭풍이 일어 배가 요동치는데도 잠을 잘 수 있었던 것을 보면 그것도 평안이라고 할 수 있는데, 이는 아주 잠깐 동안의 평안이요 거짓 평안이었습니다.

주님이 주시는 진정한 평안은 세상 사람이 능히 감당하지 못하는 평강입니다. 그 평강이 우리 안에 있으면 사람들과 화목한 관계를 갖게 됩니다. 화목한 관계가 되면 나도 모르게 감사가 뿜어져 올라옵니다. 이런 사람은 늘 사람들 중심에 서 있습니다. 그 사람을 통해서 화목이 전파됩니다. 그 사람을 통해서 감사가 흘러갑니다. 그리고 그 사람을 통해서 복음도 함께 흘러갑니다.

16

지혜로 가르치며 격려하는 삶

우리 교회가 속한 복음주의적 개혁 교단은 메시지를 아주 중요하게 생각합니다. 옛날에는 진리를 외치면 능력이 나타난다고 생각했습니다. 물론 지금도 그럴 수 있어요. 어떤 교회에서는 강론이라고 했습니다. 강론이란 말은 외친다는 뜻입니다.

그러나 지금, 듣는 복음의 시대는 지나가고 있습니다. 사람들이 이제는 들으러 오지 않습니다. 듣는 복음의 시대는 지나고 이제 보는 복음의 시대가 된 것입니다. 이것은 능력을 보여 줘서 진리를 증명하는 시대로 바뀌었다는 것을 의미합니다.

듣는 것 그 이상이 필요하다

1990년대 초만 해도 러시아나 중국의 처소교회에 가서 한두 시간 설교하고 내려오면 교우들이 언짢은 듯 쳐다봤습니다. 처음에 갔을 때는 잘 몰라 '내가 설교를 너무 길게 했구나' 생각하며 물어봤습니다.

"제가 무엇을 잘못했습니까?"

"왜 설교를 두 시간만 하고 내려옵니까? 이 설교를 들으려고 하루 종일 기차를 타고 왔는데 이렇게 빨리 끝내버리면 안 되지 않습니까?"

그 사람들은 다섯 시간이고 일곱 시간이고 말씀을 듣기 원했습니다. 새벽부터 정오까지 꿈쩍도 않고 말씀에 집중했습니다. 현대판 느헤미야의 수문 앞 광장의 부흥이 그대로 일어난 것입니다. 듣는 복음의 은혜가 있었던 것이지요. 하지만 이제는 중국도 러시아도 일곱 시간씩 설교하면 다 도망갑니다. 이제는 말씀을 들으러 오지 않습니다. 시대가 달라진 거예요.

이 시점에서 우리는 냉정하게 자신을 돌아볼 필요가 있습니다. 일주일에 한 번 주일예배 드리는 것, 주일에 30-40분 설교 듣는 것만으로 내가 주님이 원하시는 사람으로 온전하게 무장되고 반듯하게 자랄 수 있는지 자신을 깊이 돌아보자는 것입니다. 예배가 중요하지 않다는 말이 아닙니다. 설교가 중요하지 않다는 것도 아니에요. 이것들이 중요하지만 이것만 가지고 내가 그리스도의 온

전한 사람으로 세워질 수 있느냐는 것입니다. 주님이 원하시는 분
량까지 자라갈 수 있느냐는 얘깁니다.

어느 누구라도 이것만으로 충분하다고 말할 수 없을 것입니다.
골로새서 3장 16-17절 말씀을 통해 이를 보완할 수 있는 방법을
찾아보겠습니다.

피차 가르치고 권면하라

"그리스도의 말씀이 너희 속에 풍성히 거하여 모든 지혜로 피차
가르치며 권면하고 시와 찬송과 신령한 노래를 부르며 감사하는
마음으로 하나님을 찬양하고"_골 3:16

"술 취하지 말라 이는 방탕한 것이니 오직 성령으로 충만함을 받
으라 시와 찬송과 신령한 노래들로 서로 화답하며 너희의 마음으
로 주께 노래하며 찬송하며 범사에 우리 주 예수 그리스도의 이
름으로 항상 아버지 하나님께 감사하며"_엡 5:18-20

골로새서 3장 16절 이하 말씀과 에베소서 5장 18절 이하 말씀
을 비교해 보면 거의 같은 구조라는 것을 알 수 있습니다. 그러므
로 '그리스도의 말씀이 너희 속에 풍성히 거하'골 3:16는 것과 '성령
으로 충만함을 받'엡 5:18는 것이 같은 의미라는 것입니다.

말씀이 거한다는 말은 헬라어로 '에노이케어'인데 이는 말씀이 우리 속에 편안히 자리 잡는다, 마음 편하게 느낀다, 집에 있듯이 편안하게 느낀다, 우리 속에 말씀이 산다는 뜻입니다. 말씀이 삶의 모든 영역에 그대로 스며들어 우리 속에 그대로 살아 있게 된다는 얘깁니다. 다시 말해 말씀이 모든 영역에 살아 있어 그 사람이 하나님이 원하시는 대로 잘 빚어져서 세워진다고도 말할 수 있습니다.

그렇다면 그리스도의 말씀이 우리 속에 풍성히 거하게 하려면, 성령 충만함을 받으려면, 말씀이 삶의 모든 영역에 살아 있게 하려면 어떻게 해야 합니까?

"모든 지혜로 피차 가르치며 권면하고"_골 3:16

이 말씀대로 모든 지혜로 피차 가르치고 권면해야 합니다. 이것은 공예배의 설교만을 의미하지 않습니다. 우리 교회 식으로 말하면 제자훈련이요, 주중에 모이는 소그룹 모임인 다락방이라고 말할 수 있습니다.

가르친다는 것은 능동적이고 긍정적인 것을 말합니다. 권면한다는 것은 꾸짖고 훈계하고 도전한다는 것을 말합니다. 피차 가르친다는 것은 선생이 따로 있고 학생이 따로 있다는 말이 아닙니다. 서로 받은 은혜를 나눈다는 것을 의미합니다. 이것도 소통입니다. 성도 피차간에 말씀으로 소통하고 서로 성장하며 강건해지는 것입니다. 그리하여 세상으로 담대히 나갈 수 있게 되는 것입니다.

시와 찬송과 신령한 노래의 위로

골로새서가 쓰였던 당시만 하더라도 성경이 지금처럼 다 주어지지 않았습니다. 그때에 피차 가르치고 권면하라는 것은 "이 편지를 너희에게서 읽은 후에 라오디게아인의 교회에서도 읽게 하고 또 라오디게아로부터 오는 편지를 너희도 읽으라"골 4:16는 말씀과 같이 하나님께서 바울이나 베드로 등 주의 종들을 통해 주신 귀한 말씀의 편지들을 회람하면서 받은 은혜를 나누라는 뜻이었습니다. 소그룹으로 모여서 삶의 비탈진 언덕길에서 지치고 힘들고 어려웠던 사람이 어떻게 치유 받고 회복되었는지 나누라는 것입니다. 받은 은혜를 소통하여 공유하라는 말입니다. 이런 은혜가 있었기에 초대교회 성도들은 1세기 로마제국의 폭정과 헬라의 이방문화, 다신교의 핍박을 이겨내고 백합화처럼 아름다운 향기를 발한 것입니다.

우리가 소그룹 모임에서 피차 가르치고 권면할 때 무슨 일이 일어나는지 아십니까? 시와 찬송과 신령한 노래를 부를 수 있습니다. 시는 시편을 가리킵니다. 시편을 그대로 옮겨 놓은 시편 송을 말합니다. '나의 힘이 되신 여호와여'시 18, '여호와는 나의 목자시니'시 23, '오직 주 만이'시 62, '하나님은 너를 지키시는 자'시 121 등이 여기에 해당됩니다. 찬송은 하나님께 영광을 올려드리는 것을 말합니다. '영광의 왕께 다 경배하며', '지존하신 주님 이름 앞에', '창조의 아버지', '만복의 근원 하나님' 등이 영광송입니다. 다음으로 신령한 노래_{spiritual song}는 말 그대로 신령한 노래입니다. '우리들의 무기는 육체가 아니요', '내 영혼 주 찬양하며', '보혈을 통해' 등이 여기에 해당됩니다.

놀라운 것은 이런 찬송을 하면 피차 권면하고 격려하고 위로가 된다는 것입니다. 시와 찬송과 신령한 노래들을 통해 우리의 감정까지 치유되고 정서적으로 새로워집니다. 더 놀라운 일은 영적으로 고갈되고 피폐한 사람들이 회복된다는 것입니다.

17

삶을 바꾸는 새로운 주종관계

"기독교는 1세기 때 새로운 도덕적 광휘를 가지고 부패한 세상 속으로 찬란하게 밀려들어갔다. 그 당시 1세기 사회의 도덕적 수준은 참담하였고, 온갖 형태의 죄가 만연해 있었다. 이렇듯 낙담한 세상 속으로 그리스도께서 오셨고, 성령으로 변화된 예수님의 제자들은 세상이 알 수 없는 사랑과 거룩한 기쁨이 충만하여 복된 소식을 선포하였다. 하나님께서 구세주를 주셨다는 메시지였다. 이러한 그리스도인들은 작은 공동체 안에 살면서 성령의 능력으로 친밀해지고 한 식구처럼 되었는데 그들이 사는 공동체는 마치 천국의 작은 식민지 같았다. 이 초창기 그리스도인들은 그리스도의 주권 아래서 삶의 모든 영역을 살아야 함을 주장했다. 이렇듯 도덕적으로 순결한 사람들이 사회 안에서 성실과 용기라는 견고한 구조를 세운 것이다."

역사가 J. C. 뱅거가 초대교회에 대해 기술한 내용입니다.

예수님께서 오시기 전까지 이 세상은 생명을 값싼 것으로 여겼습니다. 그래서 사람을 함부로 죽이고 아무렇게나 내던졌습니다. 양심의 가책을 느끼지도 못한 채 전쟁에서 수많은 사람을 죽였습니다. 그런데 예수 그리스도가 오심으로 말미암아 생명이 참으로 귀하다는 것을 알게 되었고, 초기의 그리스도인들은 당시의 생명 경시에 대해 경종을 울려 주었습니다.

지금도 마찬가지입니다. 세계 곳곳에서 지진과 홍수, 쓰나미 등이 발생했을 때 제일 먼저 달려가는 사람들이 누구입니까? 대부분이 크리스천입니다. 기독교 구호기관들이 앞장서서 긴급구호를 펼치는 것을 볼 수 있습니다.

18세기 영국에서 요한 웨슬리와 조지 휘필드 등을 통해 영적 각성이 일어났을 때 엉망진창이던 감옥과 사회구조 등이 개선되기 시작했습니다. 윌리엄 윌버포스에 의해 노예무역제도가 폐지되었고, 복음주의자들이 각성하니까 노예해방이 선포되기 시작했습니다. 조나단 에드워드 같은 설교가들이 미국에 대각성을 일으켰을 때 비로소 미국에서 대학들이 설립되기 시작했습니다. 교육에 눈을 뜨기 시작한 것입니다.

우리나라도 마찬가지입니다. 조선 시대 말에 선교사들을 통해 복음이 들어오자 그때부터 병원이 생기고 학교가 세워지기 시작했습니다. 어둠의 역사에 여명이 밝아오기 시작한 것입니다. 그들로부터 시작되었습니다. 조선이 그들을 통해 예수님과 소통하기 시작했고, 그 소통으로 인해 이 땅에 수많은 교회가 세워지고 수많은 성도가 구원받게 된 것입니다.

세상에서 거룩함을 외치다

바울은 빌립보 교우들에게 "이는 너희가 흠이 없고 순전하여 어그러지고 거스르는 세대 가운데서 하나님의 흠 없는 자녀로 세상에서 그들 가운데 빛들로 나타내며"빌 2:15라고 권면했습니다. 예수님께서는 너희는 세상의 빛이요, 소금이라고 선포하셨습니다. 베드로 사도는 "너희가 이방인 중에서 행실을 선하게 가져 너희를 악행한다고 비방하는 자들로 하여금 너희 선한 일을 보고 오시는 날에 하나님께 영광을 돌리게 하려 함이라"벧전 2:12고 말했습니다.

기독교는 수도승이나 은둔자들의 종교가 아닙니다. "죄 많은 세상, 나 어이 여기 살까?" 해서 기도원에 콕 박혀 사는 것이 아닙니다. 크리스천은 현실 사회에 등을 돌리면 안 됩니다. 세상과 동떨어지면 안 됩니다. 오히려 세상 속에서 거룩함을 주장해야 합니다. 그리스도인들은 예수님을 위하여 힘들지만 사회에 귀한 영향을 끼치며 살아야 합니다. 어떻게 영향을 끼칩니까? 어떻게 그리스도인답게 살아갑니까? 그것은 세상에서 좋은 관계를 맺음으로써 나타납니다. 예수님과 소통한 우리가 그 생명으로 세상에 영향을 끼치고 잃어버린 자를 살리는 숨통이 되는 것입니다.

'주 안에서' 새로운 관계

바울은 골로새서 3장 18절-4장 1절에서 우리가 가정과 사회에서 제대로 된 관계를 형성하기 위해 필요한 원리를 얘기합니다. 바로 권위와 복종에 대한 것입니다. 이는 기독교에서만 말하는 것이 아닙니다. 유교에도 삼강오륜 같은 것들이 있지요. 그런데 기독교만이 갖는 독특한 특성이 두 가지 있습니다.

먼저 18절을 보십시오.

"아내들아 남편에게 복종하라 이는 주 안에서 마땅하니라."

여기에 '주 안에서'란 말이 나옵니다. 20절을 보십시오.

"자녀들아 모든 일에 부모에게 순종하라 이는 주 안에서 기쁘게 하는 것이니라."

자녀들이 어떻게 모든 일에 순종할 수 있겠어요. 힘들지요. 그런데 '주 안에서'는 가능합니다. 22절에서는 뭐라고 말합니까.

"종들아 모든 일에 육신의 상전들에게 순종하되… 오직 주를 두려워하여 성실한 마음으로 하라."

모든 일에 상전들에게 순종하기가 쉽겠습니까? 그렇지 않죠. 그러나 '주를 두려워하'면 가능합니다. 23절은 어떻습니까?

"무슨 일을 하든지 마음을 다하여 주께 하듯 하고."

종들이 무슨 일을 하든지 마음을 다하여 할 수 있는 것은 바로 주님 때문입니다. '주께' 하듯 하면 됩니다. 24절에도 "이는 기업의 상을 주께 받을 줄 아나니"라고 기록되어 있습니다. 4장 1절도 마찬가지입니다.

"상전들아 의와 공평을 종들에게 베풀지니 …… 너희에게도 하늘에 상전이 계심을 알지어다." 의와 공평을 베푸는 것이 쉬운 일입니까? 그 당시 종들은 숨 쉬는 짐승에 불과했어요. 아무렇게나 대우하고 짐승처럼 취급하던 종들에게 의와 공평을 베푼다는 것은 사실상 불가능한 것이었습니다. 하지만 '하늘에 상전이 계심을 알'면 그렇게 할 수 있습니다.

예수 그리스도로 옷 입은 사람들에게는 새로운 주종관계가 형성됩니다. 머리 되신 예수 그리스도가 우리의 주인이 되시는 것입니다. 그러므로 주 안에서 우리는 아내로서, 남편으로서, 자녀로서, 종으로서 주께서 명령하신 말씀들을 준행할 수 있는 것입니다. 주인이신 그리스도께서 우리가 그렇게 할 수 있도록 새 힘과 능력을 부어 주시기 때문입니다.

아내들아, 남편에게 복종하라

사도 바울은 골로새서 3장 18절에서 아내들에게 불순종을 벗어버리고 복종을 입으라고 권면합니다.

"아내들아 남편에게 복종하라 이는 주 안에서 마땅하니라"_ 골 3:18

이 구절을 남편들이 굉장히 좋아하는데 아마도 가장 좋아하는 구절이 아닐까 싶습니다. 그런데 이것은 남편들에게 준 말씀이 아니라는 사실을 기억해야 합니다. 이 말씀은 아내들에게 하신 말씀입니다.

여기에 나오는 복종이라는 말은 헬라어로 '휘포타스'라고 합니다. 이것은 지휘관의 통솔 아래 들어간다는 뜻입니다. '휘포'라는 말은 'under'밑에를 의미합니다. 그런데 이 복종이라는 말에 여성들이 굉장한 거부감을 느끼는 것 같습니다.

"무엇 때문에 내가 복종해야 합니까? 남편이나 나나 동등한 인격 아닙니까? 그런데 내가 왜 복종해야 하는 거죠?"

사실 이 단어의 뜻이 왜곡되어 있습니다. 복종한다고 해서 인격이 열등하다거나 가치가 떨어지는 것을 의미하지 않습니다. 에베소서 5장을 보면 남편에게도 이 단어를 썼습니다. 남편에게도 너희가 피차 복종하라고 했습니다. 그러니까 복종을 질이 떨어진다, 열등하다, 가치가 덜하다는 뜻으로 받아들이면 안 되는 것입니다.

복종의 제일 큰 모범을 보이신 분은 예수 그리스도이십니다. 요한복음 10장을 보면 예수님은 하나님과 하나이시고 하나님과 동등하다고 말씀하셨습니다. 그런데도 하나님과 동등 됨을 취하지 않으시고 하나님께 복종하셨다고 했습니다. 여기서 말하는 복종은 자발적으로 순종하여 들어간다는 뜻입니다. 자발적으로 그 연합됨에 들어간다는 말입니다.

이 원리를 제대로 깨닫게 되면 아내가 휘파람을 불고 콧노래를 부르며 복종할 수 있는 수준으로 올라갑니다. 예수님께서 아버지 하나님께 복종하셨다고 해서 하나님과 동등 됨을 위협받으셨습니까? 아닙니다. 하나님과 똑같은 수준이셨지만 일부러, 자발적으로 복종하셨어요.

복종은 안정감과 여유가 있을 때 더 잘할 수 있습니다. 자신이 누구인지, 자신의 사명이 무엇인지를 정확히 알 때 당당하게 남을 섬길 수 있다는 얘깁니다. 예수님을 보십시오. 예수님은 자신이 이 땅에 왜 오셨는지, 무엇 때문에 사역하는지 명확하게 알고 계셨습니다. 주님은 인자가 온 것은 양으로 생명을 얻게 하고, 섬기려 하고, 자신을 대속물로 주려 함이라고 말씀하셨습니다. 예수님은 제자들의 발을 씻기면서 열등감이나 수치감을 느끼지 않으셨습니다. 철저히 겸손하게 사셨는데도 불구하고 주님은 전혀 불편함이 없으셨습니다.

안정감이 있고 신앙의 목표가 뚜렷하고 사명이 있는 아내일수록 복종하는 데 불편함이 없다는 것을 기억하시기 바랍니다.

또 18절 후반부를 보면 '마땅하다'는 말이 나옵니다. 이것은 '올바르다', '하나님의 창조질서다'라는 뜻입니다. 하나님이신 예수님도 지키셨다는 뜻입니다. 하나님의 아들이신 예수 그리스도께서도 복종으로 본을 보이셨다는 의미입니다.

아내가 남편에게 마땅히 복종할 때 무슨 일이 벌어집니까? 남편을 제대로 도울 수 있습니다. 창세기에 나오는 돕는 배필의 역할을 제대로 할 수 있다는 말입니다.

성경책을 보십시오. 그 안의 내용물이 잘 보존되려면 겉표지가 제 역할을 해줘야 합니다. 이처럼 마땅하다는 말 속에는 협력하고 보호한다는 뜻이 들어 있습니다. 겉표지가 튼튼해야 내용물이 보호될 수 있는 것처럼 아내가 남편에게 잘 복종할 때에 남편의 삶에 진정한 협력과 보호가 일어납니다. 오늘날 얼마나 많은 가정들이 아내의 복종 기능이 제대로 작동하지 않음으로 말미암아 시베리아 벌판 같은 삶을 사는지 모릅니다.

빌리 그레이엄에 대한 이야기를 읽다가 충격을 받은 적이 있습니다. 그는 금세기 가장 위대한 복음전도자로 평가받고 있으며 미국인들에게 가장 영향력 있는 기독교 인물 1위로 꼽히고 있습니다. 9대째 미국 대통령의 취임식에서 기도를 했고, 지난 70여 년 동안 별다른 스캔들이나 잡음 없이 사역한 존경받은 어른입니다. 그의 부인 이름이 루스 그레이엄이에요. 그녀가 생전에 기자들을 만나 인터뷰를 했는데 그 내용이 참 인상적이었습니다.

"당신이 죽을 때 묘비에 뭐라고 쓰면 좋겠습니까?"

기자가 물었습니다.

"'나는 내 주위 사람들에게 큰 불편을 끼치며 정말 죄송한 삶을 살았습니다'라고 썼으면 좋겠습니다."

"특별히 누구에게 불편을 끼치셨습니까?"

"제 남편에게 불편을 많이 끼쳤습니다. 만약에 하나님이 제가 기도하는 대로 다 응답해 주셨다면 나는 아마 일곱 명 이상의 다른 남자들과 결혼했을 것입니다."

"당신도 빌리 그레이엄과 이혼할 생각을 해본 일이 있습니까?"

"이혼은 별로 생각해 본 적이 없습니다. 다만 살인은 몇 번 생각해 보았지요."

물론 재치 있게 대답한 말이지만 저는 그것을 보면서 '아무리 성자처럼 보이는 사람도 가까이 있어 보면 뭔가 부족함이 보이는구나'라고 생각했습니다.

루스 그레이엄은 또 이렇게 말했습니다.

"남편을 사랑하고 그에게 순종하는 것이 이제는 제게 가장 중요한 일이 되었습니다. 제가 부족함이 많아서 티격태격한 일도 있었지만 제게 가장 중요한 일은 남편을 사랑하고 그에게 순종하는 것이었습니다. 옛날에는 제가 남편을 변화시키려고 했는데 남편을 변화시키는 일은 하나님의 책임이고 지금 제가 할 일은 남편에게 순종하는 일입니다."

멋있지 않습니까? 이 땅의 아내들에게 부탁합니다. 자발적인 복종이 아니면 안 됩니다. 돕는 배필로서의 가치, 서포터의 가치를 알고 남편에게 순종하십시오. 이것은 주님 보시기에 심히 좋은 것입니다. 하나님의 아들이시라도 복종하신 예수님을 생각함으로써 복종하는 은혜가 있기를 간절히 소원합니다.

남편들아, 아내를 사랑하라

"남편들아 아내를 사랑하며 괴롭게 하지 말라" _ 골 3:19

남편들은 아내를 괴롭히지 말고 사랑해야 합니다. 에베소서 5장 25절을 보면 하나님이 우리를 사랑하신 것처럼 사랑하라고 했습니다.

"보라 아버지께서 어떠한 사랑을 우리에게 베푸사 하나님의 자녀라 일컬음을 받게 하셨는가"_요일 3:1

하나님께서 우리에게 어떤 사랑을 주셨습니까? "자기 아들을 아끼지 아니하시고 우리 모든 사람을 위하여 내주신"롬 8:32 사랑 아닙니까? 하나밖에 없는 아들을 우리에게 주신, 생명을 주신 사랑 아닙니까? 그 사랑을 가지고 아내를 사랑하라는 말입니다.

예수님은 아내를 인격체로 보라고 했습니다. 이것은 그 당시에 혁명적인 사상이었습니다. 당시 유대인은 여성을 비하하고, 이방인은 여성을 노리개로 생각했기 때문입니다.

하나님이 우리를 사랑하신 것처럼 아내를 사랑하려면 먼저 버려야 합니다. 아내를 괴롭히는 것을 벗어버려야 합니다. 이것은 남편의 옛 성품입니다. 아내에 대해 쓴 뿌리나 원망이 있다면 그것도 버려야 합니다. 아내의 과거를 용서하지 못하는 마음도 벗어버리십시오. 아내를 조소하고 경멸하고 비웃는 것도 벗어버리세요. 아내에게 육체적으로 폭력을 행사하는 것은 물론이거니와 언어폭력을 일삼는 것도 내어버리십시오.

남자는 시각에 약하고 여자는 언어에 약합니다. 남편이 함부로 내뱉은 말 한마디에 아내는 상처받을 수 있습니다. 남자들은 그렇게 말해 놓고 잊어버리는데 여자들은 그것을 심각하게 받아들입니다. 남편이 아내에게 사납고 난폭한 말로 상처를 준다면 주님이 아내에게 부탁한 18절의 말씀을 지키기가 굉장히 힘들어집니다. 거친 말 대신에 사랑의 송가를 불러 주십시오. 그리고 아내의 노고를 칭찬해 주세요.

"사람들이 날더러 당신하고 정말 결혼 잘 했다고 하더라."

"다른 데서 먹는 어떤 음식보다도 당신이 해준 게 제일 맛있어!"

그렇다면 어떻게 해야 주님이 교회를 위하여 자신을 주심 같이 아내를 사랑할 수 있습니까?

에베소서 5장 28절에 그 해답이 있습니다.

"이와 같이 남편들도 자기 아내 사랑하기를 자기 자신과 같이 할지니 자기 아내를 사랑하는 자는 자기를 사랑하는 것이라."

남자들은 보통 40이 넘으면 자기 몸 관리를 시작합니다. 골프나 등산, 조깅 등을 하며 자기 몸을 돌보는 것이지요. 바로 그것입니다. 자기 몸을 아끼고 돌보는 것처럼 아내를 사랑하라는 말씀입니다. 그리고 그렇게 하는 것이 자기 몸을 보호하는 것과 똑같다고 했습니다. 아내를 아끼고 아내를 세워 주는 것이 곧 자기를 위하는 일이라는 것입니다.

결혼하고 나서 아내에게 한 번도 실망하지 않은 남편이 이 세상에 어디 있겠습니까? 그것은 아내도 마찬가지일 것입니다. 연애할 때나 신혼 때는 잘 몰랐는데 시간이 지날수록 연약한 것들이 하나

둘 드러나고 점점 커지는 경우가 많습니다. 그러나 불완전한 아내일지라도 주님은 감싸 주라고 했습니다. 그것은 아내의 약점을 자신이 책임진다는 것입니다. 아내가 가진 약점을 감싸 주는 남편이야말로 아내를 진정 사랑하는 것입니다.

사람은 누구나 늙습니다. 외모가 퇴색해 갑니다. 그때 예수 안 믿는 사람들은 엉뚱한 데 눈길을 줍니다. 아내 외에 다른 여자, 남편 외에 다른 남자에게 말입니다. 하지만 오늘 주시는 말씀에 순종하면 나이가 들어가고 얼굴에 주름이 깊어가도 우리의 인격은 점점 더 아름다워지고 고상해집니다. 부부가 인생 최고의 친구요, 동반자가 될 수 있는 것입니다.

우리가 잘 아는 대로 세상에는 완벽한 부부가 없습니다. 모든 조건을 다 갖춘 완벽한 남편, 완벽한 아내는 없습니다. 라브리라는 공동체를 창설하고 세계 기독교 복음주의 지성계의 거목으로 알려진 프란시스 쉐퍼도 "결혼이란 불완전한 두 사람, 남편과 아내가 함께 창조해 나가는 것"이라고 했습니다.

세상에 수많은 그리스도인이 아내와 남편의 관계를 제대로 유지하지 못해 이혼합니다. 그리스도인들의 이혼율이 세상 사람과 다르지 않습니다. 그러니 우리 그리스도인들이 하나님과 세상 사람들과의 소통의 통로로서 어떤 영향력을 미칠 수 있겠습니까? 오늘 말씀처럼 남편에게 복종하고 그리스도가 교회를 사랑한 것처럼 아내를 사랑해야 합니다. 그럴 때 모범적인 가정, 모범적인 소통의 통로로서의 역할이 가능하리라 생각합니다.

모든 일을 주께 하듯 하라

우리가 가정과 사회에서 제대로 된 관계를 형성하기 위해 필요한 두 번째 원리는 골로새서 3장 17절에서 찾아볼 수 있습니다.

> "또 무엇을 하든지 말에나 일에나 다 주 예수의 이름으로 하고 그를 힘입어 하나님 아버지께 감사하라"

여기에는 새로운 목적이 등장합니다. 앞에서 살펴본 바와 같이 그리스도인에게는 새로운 주인이 존재할 뿐만 아니라 새로운 목적이 생겼다는 얘깁니다. 바로 이것 때문에 크리스천은 권위에 복종할 수 있다는 말입니다.

바울은 무엇을 하든지 주 예수의 이름으로 하고 그를 힘입어 하나님 아버지께 감사하라고 말합니다. 종의 일이라고 다 주의 일이 아닙니다. 자녀를 가르치는 것이 다 주님의 일이 아닙니다. 부모를 섬기는 것이 다 주님의 일이 아닙니다. 주인이 종들을 공평하게 대우하는 것이 다 주님의 일이 아닙니다. 종이 주인을 섬기되 기쁘게 기도하며 감사함으로 주님을 섬기듯이 할 때 주님의 일이 됩니다. 자녀들도 자기 힘으로 할 수 없지만 주님 때문에 부모에게 모든 일에 순종할 때 그것이 주님의 일이 됩니다.

요즘 우리 사회는 탈권위라는 덫에 걸려 있는 것 같습니다. 권위주의는 지양해야 마땅하지요. 하지만 그것이 권위를 인정하지 않고 거부하고 그것에 반항하는 것이라고 생각한다면 잘못 알고 있는 것입니다.

우리는 언제부터인가 공직자들을 부를 때 직함을 빼고 그냥 이름을 부르기 시작했습니다. 대통령도 장관도 시장도 사라졌습니다. 어디 그뿐입니까. 심지어 자식이 부모를 죽이고, 학생들이 교사의 말을 듣지 않습니다. 교실이 붕괴되었다고 말합니다. 하나님이 허락한 권위에 순종하는 모습을 좀처럼 찾아보기 힘들어졌습니다.

도대체 왜 이런 일이 일어납니까? 우리가 어쩌다가 이렇게 됐습니까? 그것은 바로 우리가 하나님의 권위에 순종하지 않기 때문입니다. 우리가 하나님의 권위를 인정한다면 그분의 말씀에 순종해야 합니다. 오늘 골로새서 3장에서 말씀하는 것처럼 살고 있습니까? 아내로서 남편에게 복종하고 있습니까? 남편으로서 아내를 사랑하고 있어요? 자녀들은 부모에게 모든 일에 순종하고 있습니까? 상전들에게 순종하고 있습니까? 상전들은 종들을 의와 공평으로 대하고 있습니까? 이 모든 일을 위해 예수님과 소통하고 있습니까? 우리 그리스도인들이 그렇게 하지 않고 있기 때문에 지금 우리 사회가 이 지경에 이른 것입니다.

우리는 주께서 말씀하신 것처럼 주 안에서 주님과 소통하고, 주님을 생각함으로 우리에게 주신 권위에 순종해야 합니다. 주님 때문에 순종하는 법을 배워야 합니다. 주님 때문에 숨통이 트여야 합니다. 그렇지 않으면 개인적으로 늘 권위와 충돌하고 갈등을 겪게 될 뿐 아니라 오늘날과 같이 사회적인 문제로도 확장될 것입니다.

부모 된 사람들은 가정에서 좋은 본을 보여 주십시오. 하나님의 권위를 인정하십시오. 하나님의 말씀에 순종하십시오. 남편은 아내를 사랑하고, 아내는 남편에게 복종하십시오. 하나님께서 허락하신 아버지와 어머니의 권위를 제대로 감당해 주십시오. 말로만이 아니라 삶으로 보여 주십시오. 자녀들은 그것을 보며 권위에 순종하는 법을 자연스럽게 배우게 될 것입니다. 요즘 엄마들이 애 키우기 힘들다고 하는데 가정에서 부모가 이 같은 본을 보여 준다면 그런 걱정은 금세 사라질 것입니다.

조지 워싱턴 카버라는 사람이 있습니다. 그는 미국에서 흑인 최초로 박사학위를 받은 사람입니다. 그는 종으로 태어났습니다. 태어나자마자 그 어머니와 함께 노예상인들에게 납치되었는데 어머니는 죽고 아이는 핏덩어리로 버림받았습니다. 주인이 찾아 데려와 자신의 성을 따라 이름을 붙여 주었지요. 당시에 노예들은 공부를 할 수도 없었고 학교에서 받아주지도 않았어요.

자기 몸의 약함과 신분을 비관하고 마음에 원한이 가득했던 그가 어느 날 하나님의 생명의 은혜를 깨닫게 되었습니다. 그리고 그 모든 것을 주님 앞에 내려놓았어요. 노예였던 그에게 골로새서 3장 23절 말씀이 들어와 박혔습니다.

'그래, 무슨 일을 하든지 주께 하듯 하자.'

그는 하나님이 주신 것은 다 귀한 것이라고 생각했습니다. 특히 하나님이 만든 식물에 관심이 많았어요. 감자, 땅콩, 고구마, 옥수수 같은 것들을 가꾸고 남들보다 세심한 눈으로 관찰했습니다.

학교의 급사를 하면서 최선을 다해 사람들에게 사랑받았습니다. 그러다가 서른 살에 대학에 들어가게 되었고 흑인 최초의 농학박사가 되었습니다. 당시 미국 남부는 오랜 면화 재배로 땅이 박토가 되어 버렸습니다. 그것을 보며 연구를 거듭하던 카버는 그 땅에 질소 성분이 없음을 발견했습니다. 그래서 그곳에 땅콩을 심어 박토를 옥토로 바꾸는 데 성공했지요.

또 거기서 생산되는 땅콩을 이용해 300여 종류의 발명품을 만들었습니다. 땅콩으로 종이도 만들고, 기름도 만들고, 우유도 만들고, 크림도 만들고, 마요네즈도 만들었습니다. 그리고 그는 자신이 만든 특허품을 하나도 남기지 않고 모두 기부했습니다.

"내가 하는 일은 모두 하나님께로부터 받은 것입니다."

자기 특허품을 가지고 있었다면 얼마나 큰 부자가 되었겠습니까? 그런데 그는 그렇게 하지 않았어요. 자기의 유익을 구하지 않은 것입니다.

조지 워싱턴 카버의 삶은 오늘 이 시대를 사는 우리 크리스천에게 시사하는 바가 크다고 생각합니다. 지금 서구 사회에서는 교회가 텅텅 비고 예수 믿지 않는 사람이 많지만 그들은 다른 사람을 배려하고 다른 사람을 위해 사는 것이 하나의 문화로 자리 잡고 있습니다. 그에 반해 우리나라는 어떻습니까? 예수 믿는 사람은 많지만 아직도 자기밖에 모르는 미성숙한 이들이 너무 많습니다.

"예수 믿는 사람이나 안 믿는 사람이나 별 차이가 없잖아요. 그런데 왜 굳이 예수를 믿으라고 하는 겁니까?"

우리는 예수 안 믿는 사람들이 하는 말을 귀담아들어야 할 것입니다. 그들은 크리스천이 세상 사람들과 구별되기를 바라고 있습니다. 자신들과는 다르기를 원하는 것입니다. 조지 워싱턴 카버의 삶을 통해 우리 크리스천들이 어떻게 살아야 하는지에 대한 답을 얻었으면 좋겠습니다.

4부 거룩한 삶은 예수님과의 소통이다

13 땅에서 하늘을 누리는 삶

우리는 예수 그리스도와 함께 살리심을 받았습니다. 그와 함께 살고 죽으며 모든 것이 충만합니다. 그분은 우리 삶의 중심이며, 우리가 그분과 소통할 때 이 땅에서 하늘의 능력을 누릴 수 있습니다.

우리가 주님 말고 더 원하는 것이 무엇입니까? 왜 우리가 주님을 우리 삶의 중심에 모실 수 있습니까?

14 죄악의 몸에서 벗어나는 삶

주님께서는 땅에 있는 육체를 죽이라고 했습니다. 수많은 육의 행실이 우리를 죄 짓게 만듭니다. 그럴 때 우리는 주님께 달려가야 합니다. 주님께서는 모든 정욕으로부터, 죄악의 몸으로부터 벗어나고 영적으로 비상할 수 있도록 우리를 붙잡아 주십니다.

땅에 속한 육체가 짓는 죄에는 어떤 것이 있읍니까? 나를 붙들고 있는 육의 행실에는 어떤 것이 있으며 어떻게 죽일 수 있을까요?

15 일곱 가지 새 옷을 입은 삶

성령 안에서 새 옷을 입으라는 말은 죄에 대하여 죽은 자로 살라는 말입니다. 부패한 본성을 벗어 던지라는 말입니다. 긍휼과 자비와 겸손과 온유와 오래 참음과 용납과 용서 그리고 사랑으로 옷 입어야 합니다. 그럴 때 화목과 감사, 복음이 함께 흘러갑니다.

우리의 부패한 본성이란 무엇을 말합니까? 하나님의 백성은 어떤 새 옷을 입어야 합니까?

16 지혜로 가르치며 격려하는 삶

우리 속에 말씀이 산다는 뜻은 말씀이 삶의 모든 영역에 그대로 스며들어 하나님이 원하시는 대로 우리가 빚어지는 것을 말합니다. 그런 우리가 피차 가르치며 권면하고 받은 은혜를 나눈다면 더욱 성숙한 그리스도인으로 세워질 것입니다.

그리스도의 장성한 분량에 이른다는 것은 무슨 뜻일까요? 우리가 피차 받은 은혜를 나누면 어떤 일들이 일어날까요?

17 삶을 바꾸는 새로운 주종관계

그리스도인은 세상에 등 돌리고 살지 않습니다. 세상에 동화되는 것이 아니라 거룩함으로 새로운 관계를 만듭니다. 무슨 일을 하든지 주 예수의 이름으로 합니다. 주님이 삶의 주인이 된 사람은 세상의 소금으로서 맛있는 소통의 주인공이 됩니다.

예수 믿는 사람과 안 믿는 사람은 무슨 차이가 있나요? 왜 굳이 예수를 믿으라고 하는 겁니까?

소금맛 나는
소통

5부

그리스도인의
소통에는
소금맛이 난다

18
세상을 향한 소금맛 나는 소통

미국의 한 중환자 병동에 아주 심한 화상을 입고 생사의 기로를 헤매는 십대 초반의 어린 소년이 있었습니다. 원래 자원봉사자들은 중환자 병동에 들어가지 못하게 되어 있는데, 어찌된 영문인지 그날 처음 자원봉사를 나온 대학생 한 명이 멋모르고 그곳에 들어가게 됐습니다. 대학생은 이 소년의 기록을 보고 나이를 확인한 다음, 중학교 2학년 과정에 해당되는 영어 문법의 동사 변화를 가르치기 시작했습니다.

물론 그 대학생은 소년이 알아듣는지 못 알아듣는지를 확인할 길이 없었지요. 그래도 계속해서 열심히 가르쳤습니다. 그런데 아주 놀라운 일이 일어났습니다. 의사들이 회복 가능성이 아주 희박하다고 판정을 내렸던 이 소년의 상태가 기적같이 나아지기 시작한 것이었습니다. 얼굴의 붕대를 풀던 날 사람들은 소년에게 물었습니다.

"어떻게 이런 기적 같은 일이 일어난 거니?"

"사실은 저도 가망이 없다고 스스로 포기하고 있었습니다."

소년은 이렇게 말문을 열었습니다.

"그런데 한 대학생 형이 들어와서 이런 말을 하는 거예요. '이것들을 알아둬야 네가 나아서 학교에 돌아갔을 때 공부에 뒤떨어지지 않을 거야.' 그러면서 다음 학기 영어 시간에 배울 동사 변화를 가르치기 시작했어요. 놀라고 당황스러웠지만 한편으로 이런 마음이 들더라고요. '아, 의사 선생님들이 내가 나을 수 있다고 판단했나 보구나! 그렇지 않고서야 이렇게 붕대를 칭칭 감고 있는 나에게 다음 학기에 배울 동사 변화를 가르쳐 줄 리가 없지.' 이런 확신이 들자 그때부터 마음이 기쁘고 소망이 생기기 시작했어요."

『리더스 다이제스트』에 실렸던 실화입니다.

자원봉사자의 한마디 말과 사랑의 실천이 한 생명을 살렸습니다. 성경은 "경우에 합당한 말은 아로새긴 은 쟁반에 금 사과"^{잠 25:11}라고 했습니다. 우리는 이 이야기의 자원봉사자처럼 경우에 합당한 말을 얼마나 하고 있습니까? 죽어가는 영혼을 살리는 소통을 얼마나 하고 있느냐는 말입니다. 바울은 "성령은 모든 것 곧 하나님의 깊은 것까지도 통달하시느니라 사람의 일을 사람의 속에 있는 영 외에 누가 알리요 이와 같이 하나님의 일도 하나님의 영 외에는 아무도 알지 못하느니라"^{고전 2:10-11}고 했습니다. 그렇습니다. 그 누가 사람의 속마음을 알아 그때에 합당한 말을 할 수 있겠습니까? 우리를 지으신 하나님만이 가능한 일입니다. 우리가 하나님 안에 거하고 소통할 때 우리는 마땅히 할 말을 할 수 있게 됩니다.

이것이야말로 바른 소통의 참 모습입니다. 하나님 안에 거함으로써 마땅히 해야 할 말을 하는 것이야말로 소통의 본질이요, 소금맛 나는 소통이고, 숨통입니다. 이제 골로새서의 마지막 장에 도달했습니다. 여기에는 바울이 언급하는 소금맛 나는 동역자, 복음의 전달자들이 많이 등장합니다. 그들의 삶을 돌아보며 우리도 세상에서 맛있는 그리스도인, 소금맛 나는 소통의 주인공들이 되시기를 바랍니다.

소금맛 나는 소통을 하라

골로새서 4장 2-6절은 골로새서의 노른자위가 아닌가 싶습니다. 이 말씀은 골로새서의 앞부분, 특히 1장 12-14절이 밑받침되어야 합니다.

> "우리로 하여금 빛 가운데서 성도의 기업의 부분을 얻기에 합당하게 하신 아버지께 감사하게 하시기를 원하노라 그가 우리를 흑암의 권세에서 건져내사 그의 사랑의 아들의 나라로 옮기셨으니 그 아들 안에서 우리가 속량 곧 죄 사함을 얻었도다"

과거에 마귀의 자녀였던 우리를 하나님의 자녀로 만들어 주셨다고 했습니다. 마귀의 포로가 되었던 우리를 자유케 하셨다는 것이지요. 이것은 골로새 교우들, 특히 이스라엘 민족들에게는 익숙한 개념입니다. 그들의 조상이 포로 된 경험이 있기 때문이지요. 북쪽 이스라엘은 앗수르 제국, 남쪽 유다는 바벨론과 메대파사의 포로가 되었습니다. 그렇기에 포로 되었다가 자유자가 되었다거나 흑암의 권세에 묶여 있다가 자유인이 되었다는 것이 어떤 의미인지를 잘 아는 것입니다.

우리가 그의 사랑의 아들의 나라로 옮겨졌다는 것이 무슨 의미입니까? 하나님께서 우리를 자녀 삼으신 이유가 뭡니까? 우리가 잘나거나 하나님의 마음에 쏙 들게 잘해서인가요? 우리가 하나님의 마음에 합해서 그렇게 된 것이 아닙니다. 오로지 예수님 때문에 그렇게 된 것입니다. 할렐루야!

우리는 탕자였어요. 아버지를 멀리 떠나 재산을 탕진하고 나서야 아버지께로 돌아왔는데 그런 우리를 품어 주신 겁니다. 뺨을 때리거나, 설교하거나, 비난하거나, 메어치거나, 냉정하게 대하지 않고 새 옷을 입히시고 반지를 끼워 주시고 잔치를 여는 등 눈물 나게 대우해 주신 것입니다. 이것이 바로 사랑의 아들의 나라로 옮겼다는 의미입니다. 이것이 은혜요, 이것이 복음입니다.

이렇게 구원받은 사람, 흑암의 권세에서 벗어난 사람의 특징은 무엇입니까? 2-6절에 나타나는데 특별히 3-4절에 이렇게 씌어 있습니다.

"또한 우리를 위하여 기도하되 하나님이 전도할 문을 우리에게 열어 주사 그리스도의 비밀을 말하게 하시기를 구하라 내가 이 일 때문에 매임을 당하였노라 그리하면 내가 마땅히 할 말로써 이 비밀을 나타내리라"

6절에는 "너희 말을 항상 은혜 가운데서 소금으로 맛을 냄과 같이 하라 그리하면 각 사람에게 마땅히 대답할 것을 알리라"고 기록되어 있습니다.

하나님의 사랑의 아들의 나라로 옮겨진 사람들, 즉 하나님의 자녀가 된 사람들의 특징 중의 하나는 언어생활의 변화라고 할 수 있습니다. 함부로 말하고 함부로 판단하는 삶이 아니라 마땅히 대답할 말, 은혜로운 말을 한다는 것입니다. 바꾸어 말하면 한 사람의 영적인 상태를 가늠해 볼 수 있는 가장 정확한 척도는 그의 언어생활이라는 것이지요. 마태복음 12장 37절에서 예수님은 "네 말로 의롭다 함을 받고 네 말로 정죄함을 받으리라"고 말씀하셨습니다.

이유를 막론하고 구원받지 못한 사람들은 악하고 기만하고 저주하는 말을 합니다. 거짓말하고 파괴하고 허영을 부리고 아첨합니다. 미련하고 포학하고 성적으로 부도덕한 말을 서슴지 않습니다. 거짓교리와 악한 계략을 말하고 증오하고 험담하고 이간합니다.

이에 반해 구원받은 자의 말은 어떻습니까? 우선 죄를 고백합니다. 그리스도를 주로 시인합니다. 덕을 세웁니다. 하나님의 말씀을 선포하고 하나님을 찬양합니다. 원수를 축복합니다. 지혜롭고 친절하고 유순한 말을 합니다. 이것은 예수 그리스도를 모델로 삼는 말입니다. 예수님의 말씀은 늘 유익하고 은혜롭고 비난할 것이 없으며 속이는 것이 없었습니다.

이것이 소금맛 나는 소통입니다. 소통이 무엇입니까? 말하는 것 아닙니까? 무언가 내가 알고 있는 것을 상대에게 전하는 것 아닙니까? 은혜를 전하고, 덕을 세우고, 찬양을 하고, 하나님을 선포하는 모든 것이 소통입니다. 그런데 그런 말을 하는 사람이 더럽고, 부도덕하고, 악하고, 게으르고, 신뢰할 수 없는 사람이라면 듣는 사람이 제대로 듣겠습니까? 그런 사람이 전하는 복음을 듣기나 하겠습니까? 세상을 향한 그리스도인은 정직해야 합니다. 도덕적으로 깨끗해야 합니다. 성적으로 정결해야 합니다. 정의롭고 은혜를 끼치며 헌신할 줄 알아야 합니다. 한마디로 신앙인으로서 신뢰할 만한 사람이 되어야 한다는 말입니다.

거짓이 유통되어서 썩어지는 세상이 되는 것이 아니라 생명이 흘러가서 썩지 않는, 맛깔 나는 세상이 되어야 합니다. 그 일을 우리 그리스도인이 해야 합니다.

혀를 제어하라

고대 그리스의 설화 가운데 바이우스라는 현인이 나옵니다. 어느 날 어떤 사람이 찾아와 물었습니다.

"인간에게 있어 최고의 부분과 최악의 부분을 제물을 바쳐야 하는데 그것은 무엇입니까?"

바이우스가 대답했습니다.

"두 부분을 바칠 필요가 없다. 한 가지면 된다. 그것은 최고도 될 수 있고, 최악도 될 수 있다. 바로 혀다."

언어생활은 참으로 통제하기 어려운 영역입니다. 야고보서 3장에서도 이것을 잘 표현했습니다.

> "혀는 곧 불이요 불의의 세계라 혀는 우리 지체 중에서 온몸을 더럽히고 삶의 수레바퀴를 불사르나니 그 사르는 것이 지옥 불에서 나느니라"_6절

한 입의 혀를 가지고 찬양도 할 수 있고 저주도 할 수 있습니다. 살릴 수도 있고 죽일 수도 있습니다. 쉬지 않는 악이 될 수도 있고 죽이는 독이 될 수도 있습니다. 불이 될 수도 있고 불의의 세계가 될 수도 있습니다. 혀를 어떻게 제어하느냐에 따라 최고도 될 수 있고 최악도 될 수가 있다는 얘깁니다.

1960년대 영화로 만들어져 선풍적인 인기를 모았던 "마이 페어 레이디"라는 작품이 있습니다. 오드리 헵번이 빈민가의 꽃 파는 아가씨로 나왔지요. 어떤 언어학자가 친구들과 내기를 합니다. 이 상스러운 말을 내뱉는 빈민가 아가씨를 상류층 사교계의 여왕이

되게 할 수 있느냐 하는 것이었습니다. 하류층에서 비속어를 쓰며 살던 아가씨가 새로운 말, 상류층의 고급언어, 교양 있는 말씨를 배우는 것은 여간 어려운 일이 아니었습니다.

"차라리 추운 거리에서 꽃을 파는 것이 더 쉽겠어요."

고급언어를 훈련하는 것이 너무 어려워서 오드리 헵번이 한 말입니다. 그때 언어학자가 이렇게 대답하지요.

"하나님이 우리 인간에게 주신 가장 큰 선물은 말의 품격과 언어의 위대함입니다. 이것이 없다면 우리는 이웃의 깊은 마음속에 도달할 길이 없습니다."

물론 이 여인이 나중에 사교계의 여왕이 된 것은 말할 것도 없습니다. 우리 입에서, 우리 입술에서 하나님의 말씀이 나온다면 우리는 사교계의 여왕이 아니라 복음을 전하는 소통의 통로가 될 것입니다.

영적 질량불변의 법칙

그렇습니다. 비록 어렵더라도 고귀한 언어를 사용하는 것은 가치 있는 일입니다. 따라서 골로새서 4장 2-6절의 말씀을 통해 하나님이 원하시는 고귀한 언어를 사용하기 위하여 몇 가지 방향을 제시하겠습니다.

첫째는 4장 2절입니다. "기도를 계속하고 기도에 감사함으로 깨어 있으라"고 했습니다. 구원받은 자의 말은 기도를 통해서 나오는 말이어야 합니다.

구원받은 새 사람이 할 수 있는 말 가운데서 최고의 언어가 무엇입니까? 그것은 바로 기도의 말입니다. 기도는 하나님과 대화하는 것입니다. 다른 말로 하면 하나님과 소통하는 것입니다. 찬양과 감사, 회개, 간구로 하나님과 대화하는 것만큼 아름다운 말이 어디 있겠습니까? 기도는 말의 은사를 가장 잘 사용하는 것입니다.

기도를 많이 할수록 사람들과의 말을 줄일 수 있습니다. 사람들과 쓸데없는 말을 안 하게 되는 것입니다. 저는 이것을 영적 질량 불변의 법칙이라고 부릅니다. 산에 있는 시멘트를 가져다가 건물을 지어도 시멘트 자체의 질량은 변함이 없잖아요. 마찬가지로 하나님께 기도를 많이 하면 그만큼 사람들과 말을 안 하게 됩니다. 바울의 권면처럼 기도에 감사함으로 깨어 있으면 필요한 말, 하나님이 원하시는 말, 통찰력 있는 말을 할 수 있습니다. 할 말과 안 할 말이 정리됩니다. 후회할 말을 안 하게 됩니다. 말을 안 하는 것도 소통임을 잊지 마십시오.

고아들의 아버지 조지 뮬러는 5만 번이 넘는 기도에 응답을 받은 사람으로 널리 알려져 있습니다. 그는 평생 1만 명이 넘는 고아들을 돌보면서도 고아원 운영을 도와 달라고 여기저기 부탁한 적이 없습니다. 오직 기도로 하나님께 매달리며 주께서 공급해 주실 것을 믿었습니다. 그가 남긴 일기를 보면 고아원을 세운 첫 번째 목적이 부모 없는 아이들을 돌보는 것이 아니었다고 합니다.

"가난하기 짝이 없는 내가 누구에게도 도움을 청하지 않고 오직 기도와 믿음으로 고아원을 설립해서 이끌어 간다면, 주님의 은총에 힘입어 아직 회심하지 않은 이들의 양심에 거룩한 역사의 실체를 보여 주는 증거를 제시할 수 있을 것이다. 게다가 하나님의 자녀들에게는 신앙을 굳세게 하는 도구가 될 수 있다. 이것이 고아원을 세우려는 가장 큰 목적이다. …… 이 사역의 가장 중요한 목표는 나를 비롯하여 나와 함께 일하는 이들이 누군가의 도움을 구하지 않고 오직 기도와 믿음만으로 아이들의 모든 필요를 채우시는 하나님을 경험하고 이를 통해 그분이 여전히 신실하게 우리의 기도를 들어주신다는 사실을 널리 알리는 데 있다." _「래디컬」에서 재인용

조지 뮬러는 자신의 삶을 통해 살아 계신 하나님을 드러내기 원했습니다. 그래서 사람을 찾아다니며 이 말 저 말로 도움을 요청하지 않고 오로지 주님께 기도할 수 있었습니다. 결국 뜻을 정한 대로 그는 목숨을 걸고 하나님을 의지했고 하나님의 영광을 드높이는 삶을 살았습니다.

하루를 하나님과의 대화로 시작한다는 것은 정말 영광스러운 일입니다. 구원받은 사람의 놀라운 특권이기도 하고요. 이것은 주님과의 소통을 통한 능력의 원천이 되며 사탄과 죄악 된 세상을 이기는 최고의 영적 무기가 됩니다. 이 기도를 통해 죄를 자백하고, 하나님을 찬미하며, 자비로우신 대제사장 되신 예수 그리스도께 도움을 청할 수 있고, 서로를 위하여 중보기도할 수 있습니다.

깨끗한 마음을 얻을 수 있습니다. 성령의 생각과 우리의 말이 일치될 수 있도록 하나님이 도와주십니다.

영혼의 튜닝

바울은 개역한글을 보면 기도할 때 항상 힘쓰라고 했습니다. 고넬료처럼 항상 기도할 수 있고 사도들처럼 기도에 전념할 수 있다면 우리는 낙심하지 않을 수 있습니다. 물론 기도하는 사람에게도 어려운 일이 일어날 수 있어요. 자신의 계획과 꿈이 중단되는 것 같은 느낌이 들 때도 있을 것입니다.

아브라함은 기도하고 하나님의 음성을 들었습니다. 그런데도 히브리서 11장을 보면 "갈 바를 알지 못하고 나아갔"다고 했습니다. 마리아는 기도하는 가운데 성령의 음성을 듣고 예수님을 수태하는 소식을 들었어요. 그렇지만 현실은 나사렛에서 아버지가 없는 자식과 같은 일이 일어났잖아요. 예레미야는 어땠습니까? 열심히 기도했음에도 불구하고 감옥에 들어갔습니다. 감옥의 냄새나는 곳에서 하나님께 의문을 제기해야 되는 상황에 처해진 것이지요. 또 하루에 세 번 시간을 정해 놓고 기도한 다니엘은 어떻습니까? 사자 굴에 던져지지 않았습니까?

하나님께서는 그런 상황에서도 항상 깨어서 기도하라고 했습니다. 그럴 때 우리 영혼은 내 뜻을 계속 주장하는 것이 아니라 하나님의 뜻에 민감하게 반응할 수 있는 영적 튜닝을 경험하게 된다는 얘깁니다.

이 튜닝이라는 말이 중요한데 현악기 같은 것을 보면 연주에 앞서 절대 음에 튜닝하잖아요. 내 악기가 지금 맞는지 안 맞는지를 점검하는 것이지요. 기도하게 되면 내 말이 절대 음에 제대로 맞는지 안 맞는지를 튜닝할 수가 있습니다. 영혼의 튜닝이라고 할 수 있지요.

우리는 말을 할 때에 기도를 통해서 하고, 영적 튜닝을 통해 하나님의 뜻절대음에 맞는 생각을 품기 바랍니다. 그래야 나만 옳다는 생각에서 벗어날 수 있습니다. 하나님께 물어볼 수 있는 것입니다.

복음을 선포하라

> "그리스도의 비밀을 말하게 하시기를 구하라 …… 마땅히 할 말로써 이 비밀을 나타내리라"_골 4:3-4

두 번째로, 구원받은 자들은 복음을 선포하는 말을 해야 합니다. 앞에서 살펴본 것처럼 기도를 통해서 나온 말로 시작해서 선포의 말로 나아가야 함을 요구하는 것입니다. 하나님과 소통했으면 이제는 세상 사람과 소통하라는 것입니다. 그 소통으로 하나님을 선포하라는 것입니다.

3절에 '전도할 문'이라는 말이 나오는데 신약에서 '문'이라는 말은 기회를 의미합니다. 고린도전서를 보면 바울이 "내가 오순절까지 에베소에 머물려 함은 내게 광대하고 유효한 문이 열렸으나" 16:8-9라고 했고, 요한계시록에서는 예수님을 "열면 닫을 사람이 없고 닫으면 열 사람이 없"3:7는 분으로 소개하고 있습니다.

바울은 기회가 주어지고 문이 열릴 때 그리스도의 비밀을 담대히 전할 수 있기를 원했습니다. 그런데 이 비밀이 뭡니까? 골로새서 1장 26-27절에서 살펴본 바와 같이 예수 그리스도가 바로 비밀입니다. 기회라는 것은 소통할 기회라는 것이고 그 내용이 바로 예수 그리스도라는 것입니다. 이미 우리가 앞에서 이야기한 것들을 다시 한 번 거론하고 있습니다. 전도란 예수 그리스도를 주제로 한 소통임을 알아야 합니다.

바울이 제시한 그리스도인이 해야 할 언어생활의 기준, 소통의 기준은 우리 속에 있는 비밀인 예수 그리스도를 선포하는 것입니다. 그래서 바울 자신도 기회 있을 때마다 복음을 증거했습니다. 사도행전 28장 30-31절을 보면 바울은 온 이태 동안 담대하게 하나님 나라를 전파하며 주 예수 그리스도에 관한 것을 가르치되 금하는 사람이 없었다고 했습니다. 바울은 골로새 교우들에게 기도를 요청했습니다. 하나님께 받은 이 복음의 비밀을 문이 열렸을 때 담대하게 그리고 마땅히 할 말로써 증거할 수 있도록 말입니다. 그는 소명을 받고 마땅히 할 말로써 예수 그리스도를 나타내기를 소원했고 그것을 기도 제목으로 내놓았습니다.

4절에 나오는 '마땅히'라는 말에는 두 가지 의미가 포함되어 있습니다.

첫째, 내 속에 있는 비밀인 예수 그리스도를 전하는 것이 나에게는 거룩한 짐_{부담}이라는 것입니다. 이것은 빚의 개념입니다. 바울은 "내가 복음을 전할지라도 자랑할 것이 없음은 내가 부득불 할 일임이라 만일 복음을 전하지 아니하면 내게 화가 있을 것이로다"_{고전 9:16}라고 했습니다.

흔히 복음에 빚진 자라고 하지 않습니까? 우리는 세상과 소통할 때 내 속에 있는 예수 그리스도를 전파하는 것을 거룩한 짐으로 여겨야 할 것입니다. 이것은 내가 어떻게든지 감당해야 할 거룩한 부담으로 알고 생활해야 할 것입니다. 그렇게 할 때 나도 모르게 내 언어생활에 품위가 있고 영감이 있게 되는 것입니다.

둘째, 성경에서 말하는 복음을 전해야 한다는 것입니다. 바울은 "유대인과 헬라인들에게 하나님께 대한 회개와 우리 주 예수 그리스도께 대한 믿음을 증언한 것이라"_{행 20:21}고 말했습니다. 유대인에게든지 이방인에게든지 성경에서 말하는 복음, 순수한 복음, 다른 불순물이 섞이지 않은 복음, 즉 예수 그리스도의 죽음과 부활로 말미암은 복음 그 자체를 전파했다는 얘깁니다.

오늘 우리나라가 어려운 이유는 무엇입니까? 성경에서 말하는 복음 그 자체가 헝클어졌기 때문입니다. 예수 그리스도는 혁명가도 정치적 심판자도 아닙니다. 예수 그리스도는 인류의 구원자입니다. 또 예수 믿으면 무조건 복 받는다는 잘못된 믿음도 정비해야 합니다. 예수 믿는다고 모든 것이 형통하지 않아요. 예수 믿어도 아플 수 있고, 예수 믿어도 어려울 수 있고, 예수 믿어도 고난

당할 수 있습니다. 사도행전 14장 22절을 보면 "우리가 하나님의 나라에 들어가려면 많은 환난을 겪어야 할 것이라"고 했습니다.

우리는 순수한 복음, 성경에서 말하는 복음을 믿어야 하고 그것을 세상에 선포해야 합니다. 자기 신학이나 자기 소견에 좋은 복음이 아니라, 다원주의 시대의 복음이 아니라 성경에서 말하는 복음을 순수하게 가꾸어 가기 원합니다.

은혜로운 말을 하라

"너희 말을 항상 은혜 가운데서 소금으로 맛을 냄과 같이 하라 그리하면 각 사람에게 마땅히 대답할 것을 알리라"_ 골 4:6

세 번째로 구원받은 사람이 마땅히 지켜야 할 언어생활의 원칙은 항상 은혜로운 말을 하는 것입니다. 그럴 때 우리는 각 사람에게 마땅히 대답할 것을 알 수 있습니다. 우리 삶의 집중력과 일관성은 언어의 일관성에 의하여 뒷받침되어야 합니다. 예수 그리스도를 믿는 자들은 우리 주님께서 늘 본을 보여 주셨듯이 대화를 하면 할수록 항상 은혜가 되어야 합니다.

누가복음 4장 22절은 "그들이 다 그를 증언하고 그 입으로 나오는 바 은혜로운 말을 놀랍게 여겨 이르되 이 사람이 요셉의 아들이 아니냐"라고 말씀하십니다. 예수님의 입에서는 항상 은혜로운 말씀이 나왔습니다. 심지어 죄인을 대할 때도 그러셨어요. 시편 45편 2절을 보면 은혜를 입술에 머금었다고 했습니다.

그렇다면 하나님의 자녀 된 우리는 어떻게 해야겠습니까? 스트레스나 어려움이나 불공평이나 억울함을 경험할 때라도, 또 그 대상이 가까운 가족이나 교우들이나 믿는 자나 믿지 않는 자나 상관없이, 그리스도인들은 모든 환경에서 습관적으로 은혜로운 말을 해야 됩니다.

은혜로운 말은 영적이고 유익하고 적합하고 친절하고 민감하고 의미심장하고 온유하고 진실하고 사려 깊고 사랑이 포함된 말을 뜻합니다. 바울은 에베소서 4장 29절에서 "무릇 더러운 말은 너희 입 밖에도 내지 말고 오직 덕을 세우는 데 소용되는 대로 선한 말을 하여 듣는 자들에게 은혜를 끼치게 하라"고 권면했습니다. 남을 헐뜯는 말, 부정적인 말, 상처 주는 말은 아예 안 하겠다는 원칙을 세워야 합니다.

6절을 보면 또 '소금으로 맛을 냄과 같이 하라'고 말씀하고 있습니다. 은혜로울 뿐만 아니라 영향을 끼치는 말을 하라는 것입니다. 흡인력 있고 매력 있고 기쁨이 충만한 말을 하라는 것이지요.

비행기를 타고 갈 때 옆에 앉은 사람에게 복음을 전하려고 한다고 가정해 보십시오. 상대방이 "뭐하는 사람이세요?"라고 물을 때 "목사입니다"라고 대답하면 싹 돌아서는 게 인지상정입니다. 그래서 나는 전략을 바꾸어 "뭐하는 분이세요?"라고 물으면 "가르치는 사람입니다"라고 대답합니다.

"뭘 가르치세요?"

"영원한 것을 가르칩니다."

"그런 과목도 있습니까?"

"예, 있습니다. 영원에 관한 과목도 있습니다."

"그 과목은 어떤 것을 가르치나요?"

"영원한 것을 가르칠 때는 제가 아주 사랑하는 사람부터 가르칩니다."

"애인인가요?"

그러면 나는 미소를 띠고 이렇게 말합니다.

"제가 굉장히 사랑하고 가면 갈수록 더 사랑하는 분이지요. 소개해 드릴까요?"

어떻습니까? 좀 더 흡인력 있고 매력적으로 다가오지 않습니까? 이것이 우리가 세상과 소통할 때 견지해야 하는 자세라 할 수 있습니다. 그때 하나님께서는 우리에게 마땅히 대답할 것을 알려 주십니다. 베드로의 말처럼 소망에 관한 이유를 묻는 자들에게 대답할 것을 항상 예비하도록 우리를 붙잡아 주시는 것입니다.

말에 실수가 없는 사람이 어디 있겠습니까? 말에 실수가 없는 자는 온전한 사람이라고 했습니다. 오죽하면 시편 141편 3절에 시편 기자가 이런 기도를 했겠습니까.

"여호와여 내 입에 파수꾼을 세우시고 내 입술의 문을 지키소서."

우리는 오늘 이 말씀에 비추어 우리의 언어생활을 점검해 봐야 할 것입니다.

레리 크렙이라는 신실한 크리스천 상담가가 있습니다. 그는 30년 동안 사람들을 상담하고 나서 이런 이야기를 했습니다.

"다른 사람의 영혼에 능력을 끼칠 수 있는 말은 성령의 리듬에 맞춘 말이어야 함을 30년의 세월이 흐른 후에야 비로소 깨달았다. 세상적인 능숙한 말과 기술적인 말, 지적인 말로는 상대방의 마음 정도야 움직일지 모르지만 결코 영혼의 대화로 이어질 수 없다는 것을 깨닫게 되었다. 그렇다. 그리스도인들의 대화와 말은 자아간의 대화가 아니라 영혼의 깊숙한 대화가 되어야 한다."

우리의 것을 가지고도 사람을 감동시키거나 영향을 끼칠 수 있습니다. 그러나 그것은 어디까지나 일시적인 것에 불과합니다. 우리가 기도를 통해 마땅히 전해야 할 복음을 은혜롭게 전파한다면 성령의 리듬을 탈 수 있습니다. 영혼의 대화를 나누게 됩니다. 그러면 사람들의 외양뿐 아니라 깊숙한 내면의 세계, 영혼의 세계에까지 영향을 끼치고 변화시킬 수 있습니다. 그것이 또한 소금맛 나는 소통입니다.

이를 위해 한 가지 제안을 하고자 합니다. 아침에 일어나 다른 사람과 말하기에 앞서 당신의 생각과 결단과 마음을 먼저 하나님께 드리기를 바랍니다. 그러면 하나님께서 당신의 생각과 결단과 마음을 여러분에게 부어 주실 것입니다. 그리고 그 마음과 생각과 결단을 가지고 말해 보십시오. 그 마음을 다른 사람에게 전달해 보십시오. 그때부터 기가 막힌 일들이 일어나기 시작할 것입니다. 이것이 옛날 어른들이 하시는 말씀처럼 성령보다 앞서지 않고, 주님보다 앞서지 않고, 기도보다 앞서지 않는 것입니다.

처음에는 굉장히 어려울지 모르겠습니다. 그러나 하나님은 당신에게 무궁무진한 것을 주시려고 기다리고 계십니다. 엄청난 것을 예비하고 계세요. 하나님은 당신을 축복의 통로로 사용하시려고, 놀라운 것을 부어 주시려고 기다리고 계십니다.

앞으로 기도를 통해서 나오는 말, 예수님만을 드러내는 말, 늘 은혜로운 말을 선포하기로 결단하십시오. 인간 지식의 대화가 아니라 성령의 리듬에 맞춘 대화를 하고, 매일 아침 우리의 생각과 언어와 감정과 결단의 첫 열매를 주님께 올려드림으로 말미암아 주님이 주시는 마음으로 대화하는 우리가 되기를 원합니다. 기도보다 주님보다 성령보다 앞서지 않는 겸손한 제자들이 되기를 소원합니다. 소금맛 나는 소통을 하시기 원합니다.

19

예수님과 소통한 믿음의 동역자들

텐덤바이크라는 것이 있습니다. 유원지나 공원에서 주로 연인들이 함께 타는 2인승 자전거를 말합니다. 그런데 텐덤바이크는 장애인올림픽에서 시각장애인을 위한 정식 종목이기도 합니다. 시각장애인은 뒤에 타고 일반인이 파일럿이 되어 앞에서 운전과 페달링을 함께하는 경기입니다.

몇 년 전에 시각장애인 김종규 선수와 그의 눈이 되어 앞에서 파일럿 역할을 했던 김진기 씨가 텐덤바이크 타는 모습을 담은 CF가 있었습니다. 텐덤바이크는 두 사람이 속도와 방향을 맞추지 않으면 아무리 페달을 밟아도 힘만 들지 속도가 나지 않습니다. 함께 탄 두 사람의 마음과 몸이 하나가 되지 않으면 쉽사리 성공할 수 없는 것이지요. 그 CF는 이들의 영상을 '세상은 누군가와 함께 가는 길'이라는 카피를 달아 내보냈습니다.

인간은 누구도 혼자 살 수 없습니다. 크리스천도 예외는 아닙니다. 한 사람, 한 사람이 하나님과 개인적인 만남을 갖고 그리스도의 제자가 되어야 하지만 동시에 공동체를 이뤄 하나님의 나라를 세워가야 합니다. 하나님께서는 우리를 한 개인으로도 부르셨지만 동시에 공동체의 일원으로도 부르셨습니다. 우리는 함께 부르심을 받은 이들과 더불어 살아가야 합니다. 우리는 한 배를 탄 사람들입니다.

이렇게 한 배를 탄 사람들의 공통점은 모두 예수님과 소통한다는 것입니다. 그들은 모두 예수님이라는 한 머리를 가지고 있는 각 지체이기 때문입니다. 예수님과 소통하는 각 지체는 모두 연합하고 협력하여 예수님의 지시를 신실하게 순종합니다. 한 자전거에 둘이 탔지만 마치 한 몸처럼 움직이는 텐덤바이크의 두 사람처럼 한 호흡을 합니다. 함께 십자가를 지고 이 세상에서뿐 아니라 하나님 나라에 가기까지 영원한 관계를 만듭니다.

골로새서 마지막 4장 후반부에는 바울과 함께 사역했던 믿음의 동역자들이 나옵니다. 바울은 그들의 이름을 하나하나 부르며 격려하고 위로하고 칭찬합니다. 예수님 안에서 모두 하나가 된 것입니다. 이들을 소개해 보겠습니다. 예수님과 소통하며 함께 동역했던 사람들이 어떤 모습이었는지 알아보겠습니다.

골로새서 1장 1절은 "하나님의 뜻으로 말미암아 그리스도 예수의 사도 된 바울과 형제 디모데는"이라고 기록되어 있습니다. 바울은 어떤 사람이었습니까? 그는 명석한 두뇌, 굴하지 않는 의리의 소유자였습니다. 그러면서도 상처 받기 쉬운 마음을 가졌습니다. 바울의 혈통은 어디였습니까? 유대인이었고, 로마 태생의 시민권자였습니다. 어디 출신이었습니까? 다소 출신입니다. 다소는 그 당시 그리스 문화가 꽃피운 지역이었어요. 그리고 가말리엘의 문하였습니다. 유대교 식의 훈련을 잘 받은 사람이었습니다. 그는 또한 바리새인이었습니다. 그는 그리스 문화에 아주 익숙한 사람이었고, 동시에 유대교 식으로 훈련받은 바리새인이었습니다.

그는 회심한 후에 기독교 역사에 있어 최고의 머리가 되었습니다. 자유주의 신학, 성경을 비난하는 사람, 기독교 내에서도 정통 기독교 신앙을 거부하는 사람들은 바울을 제일 싫어합니다. 독일의 신학박사들, 하버드와 예일, 시카고 대학의 신학박사들 중에도 그렇습니다. 우리가 생각할 때 어떻게 바울을 싫어할 수가 있나 하지만 그들은 바울 때문에 죽겠거든요. 너무나 완벽한 교리와 방향을 잡아 놓았기 때문입니다.

바울은 정말 대단한 사람이었습니다. 세상에서 이렇게 대단하고 멋진 사람에게 편지를 받는 일이 영광입니까, 힘든 일입니까? 당연히 영광이죠. 우리는 이 대단한 사람으로부터 무려 13통의 편지를 받았습니다. 굉장히 귀한 일입니다. 아름답고 영광스런 하늘의 비밀을 알려주었으니까요.

그런 바울이 예수 그리스도의 뜻으로 사도가 되었다고 말합니다. 바울이 말하는 사도직은 강탈한 것이 아닙니다. 공부해서 얻은 것도 아닙니다. 열렬히 사모해서 얻은 것도 아닙니다. 추천받아 된 것도 아닙니다. 오직 하나님의 뜻으로 된 것입니다. 그렇기에 그는 하나님의 계시를 말하고 있는 것입니다. 자신의 말이 아니라 하나님의 말씀을 얘기하고 있는 것입니다. 하나님께로부터 들은 것을 전하고 선포하는 것입니다.

동반자이자 위로자, 디모데

바울은 편지를 쓰는 동안에 함께 있는 사람을 자주 소개합니다. 디모데는 바울이 고린도전·후서, 빌립보서, 빌레몬서, 데살로니가전·후서, 골로새서를 쓸 때 동반자였습니다. 공동 저자란 뜻이 아니고 동반자였다는 겁니다.

디모데는 바울에게 특별한 사랑을 받은 사람이었습니다. 바울이 많은 사람을 사랑했지만 디모데에 대한 애정은 각별했습니다. 왜 그랬을까요? 여러 가지 이유가 있겠지만 특별히 디모데가 바울을 정말로 많이 위로해 주었기 때문입니다. 아무리 똑똑하고 훌륭한 사역자라 할지라도 인간입니다. 바울도 상처받았습니다. 그래서 위로를 많이 해주는 사람에게 더 관심이 가고 사랑할 수밖에 없었던 게 아닌가 생각합니다.

사람의 마음을 얻는 비결을 알려드릴까요? 그것은 바로 위로를 해주는 겁니다. 젊은이들의 경우 마음에 둔 사람이 있다면 얼마나 힘들고 춥냐며 내가 따뜻한 난로가 되어 주면 안 되겠느냐고 해보세요. 절로 마음이 가고 특별히 사랑받는 존재가 되지 않겠어요?

바울은 디모데에게 믿음의 아비였지만 아들에게서 많은 위로를 받았습니다. 빌립보서 2장 19-23절을 보면 바울이 디모데를 통해 얼마나 은혜를 받았는지, 디모데를 향한 바울의 감정이 잘 나타납니다.

"내가 디모데를 속히 너희에게 보내기를 주 안에서 바람은 너희의 사정을 앎으로 안위를 받으려 함이니 이는 뜻을 같이하여 너희 사정을 진실히 생각할 자가 이밖에 내게 없음이라 그들이 다 자기 일을 구하고 그리스도 예수의 일을 구하지 아니하되 디모데의 연단을 너희가 아나니 자식이 아버지에게 함같이 나와 함께 복음을 위하여 수고하였느니라 그러므로 내가 내 일이 어떻게 될지를 보아서 곧 이 사람을 보내기를 바라고"

디모데는 매우 섬세한 사람이었습니다고전 16:10-11. 그는 자주 아팠습니다딤전 5:23. 또 소심하고딤후 1:7 주저하는 성격이었습니다딤전 4:12. 격려가 필요한 사람이었고딤후 1:6 쉽게 눈물을 보이는 사람이었습니다딤후 1:4. 보십시오. 이게 누구입니까? 바로 우리입니다.

우리와 비슷한 성정을 가진 디모데가 바울이 사역하는 동안 그를 가장 많이 위로했습니다. 우리는 흔히 우리의 약점 때문에 다른 사람을 위로하지 못할 거라고 생각합니다. 하지만 디모데를 보십시오. 우리도 디모데처럼 부족함이 많아도 사역자의 영적 동지가 될 수 있습니다. 우리에게 약점이 있다고 해도 남들을 위로하지 못할 만큼 가난한 사람은 없습니다. 우리는 피차 위로가 필요한 사람들입니다. 서로 위로를 주고받읍시다. 그럴 때 정말 사랑받는 존재가 될 수 있습니다. 아내가 남편을 위로만 잘 해주어도 남편이 삽니다.

디모데는 바울의 믿음의 아들이었을 뿐만 아니라 바울의 영적 동지가 되었습니다. 마음을 같이했습니다. 바울이 감옥에 갇혔을 때 같이 따라갔습니다. 우리도 디모데처럼 바울의 영적 동지가 되기를 바랍니다.

사랑받는 형제요 신실한 일꾼, 두기고와 오네시모, 눔바

두기고와 오네시모를 통해 우리는 영적 동지애를 위한 기초를 다져야 합니다. 그것은 제자도discipleship입니다. 골로새서 4장 7-9절을 보면 두기고와 오네시모는 바울과 함께 생활했습니다. 곁에서 바울의 삶을 본 것이지요. 바울이 기쁠 때, 어려울 때, 위기를 만났을 때, 목숨이 경각에 달렸을 때, 어떻게 대처해 나가는가를 옆에서 지켜보았습니다. 제일 좋은 훈련이 된 것입니다. 예수님께서 3년 동안 제자들을 데리고 다니시면서 자신의 모습을 다 보여 주면서 집중적인 훈련을 시키신 것처럼 말입니다.

훈련을 잘 받은 두기고와 오네시모에게 붙여진 명칭은 '사랑받는 형제'였습니다. 누가 뭐라고 하든지 교회는 사랑이 넘쳐야 합니다. 사랑이란 무엇입니까? 육신의 피를 나눈 형제자매 사이에도 사랑이 필요합니다. 그러나 그리스도의 보혈을 나눈 형제자매들의 사랑은 더 진하고 더 소중하고 더 고귀합니다. 교회의 다락방이나 순 등에 참석해 그리스도 안에서 교제해 보십시오. 영적인 은혜의 끈끈함이 얼마나 강력한지 경험해 본 사람은 다 알 것입니다.

주님 안에서 우리는 사랑으로 하나가 되었습니다. 예수님께서는 "새 계명을 너희에게 주노니 서로 사랑하라 내가 너희를 사랑한 것 같이 너희도 서로 사랑하라"요 13:34고 말씀하셨습니다. 사랑은 제자의 배지라 할 수 있습니다. 예전에 학교에 다닐 때 배지를 달지 않았습니까? 배지를 보고 그 사람의 신분을 알 수가 있었지요. 오늘 한국 교회가, 우리 자신이 그리스도의 제자로서 예수님의 삶을 따라갈 때 다른 무엇보다도 우리 안에 사랑이 있는지를 점검해야 할 것입니다.

두기고와 오네시모에게 붙여진 또 다른 표현은 무엇입니까? 바로 '신실한 일꾼'입니다. 예수님의 제자가 되고 싶습니까? 그리스도의 제자로서 훈련을 받고 싶으세요? 그렇다면 우리에게 필요한 또 한 단어는 '신실함'입니다.

사랑이 제자의 배지라면 신실함은 제자의 수준을 말해 주는 것입니다. 사람들의 인기도 필요하고 인정도 필요하지만 오늘 이 시대에, 특별히 그리스도의 제자에게 필요한 것은 신실함입니다. 다른 말로 하면 충성 됨입니다. 크든지 작든지 간에 우리에게 맡겨진 일에 충성을 다해야 합니다. 하나님 나라의 비밀을 발견하면서 비밀 가운데 일하길 원하십니까? 바울은 고린도 교회를 향하여 엉뚱한 데서 그 비밀을 찾지 말라며 비밀은 여기에 있다고 했습니다.

> "사람이 마땅히 우리를 그리스도의 일꾼이요 하나님의 비밀을 맡은 자로 여길지어다 그리고 맡은 자들에게 구할 것은 충성이니라"_ 고전 4:1-2

우리는 하나님의 비밀을 맡은 자입니다. 그리고 그 비밀을, 영광스러운 하나님 나라의 비밀을 잘 감당해야 하는데 그것이 바로 충성입니다. 충성이란 말은 영어로 'faithfulness'로 신실함과 같은 뜻입니다. 그리스도의 제자가 하나님의 은혜의 보좌 앞에서 가장 칭찬받는 덕목은 충성 됨입니다.

두기고를 묘사한 세 번째 단어는 무엇입니까? '주 안에서 함께 종이 된 자'입니다. 이것은 신분을 말하는 것이 아니라 하나님 앞에서 함께 종 된 사역자의 동등 됨을 의미합니다. 초대교회에는 서열이 없었습니다. 높낮이가 없었어요. 바울이나 베드로는 한 번도 교황이나 주교임을 말한 적이 없습니다. 똑같은 신분이었어요. 물론 바울은 베드로를 사도라고 했습니다. 그것은 주님과 함께 있었고, 그들에게 말씀의 권위와 사랑의 권위가 있어서 그런 것이지 신분이 다름을 의미하지 않았습니다.

9절을 보면 오네시모가 나오는데 그는 본래 종이었습니다. 빌레몬이란 주인으로부터 도망갔다가 감옥에서 바울의 전도로 예수님을 영접한 사람이었어요. 빌레몬서를 보면 바울은 오네시모를 그리스도 안에서 한 식구로 받아주라고 말할 정도였습니다. 오네시모는 나중에 종들을 위한 목회자가 되었습니다.

또 15절을 보십시오. "라오디게아에 있는 형제들과 눔바와 그 여자의 집에 있는 교회에 문안하고."

눔바는 여류 실업가였습니다. AD 3세기까지만 해도 요즘의 교회, 눈에 보이는 교회는 없었고 다 가정교회였습니다. 그리고 그 가정교회에서 어떤 특별한 신분을 가진 사람이 아닌 주 안에서 함께 종 된 하나님의 사람들이 같이 말씀을 나누고 은혜받고 교제했습니다. 하나 되는 교제, 역동적인 예배, 열매 맺는 사역을 같이 나누는 것입니다. 15절을 보면 바로 이런 일이 눔바의 집에 있는 교회에서 일어났던 것이지요.

서로 사랑하며, 하나님의 신실한 일꾼으로, 주 안에서 함께 종 된 자로서 훗날 하나님께 착하고 충성된 종이라는 칭찬을 받기 원합니다.

끝까지 함께한 사람들 아리스다고, 마가, 유스도, 누가

바울은 여섯 명의 이름을 거론하면서 문안하고 있습니다. 여섯

명 중에 세 사람은 유대인이고 나머지 세 사람은 이방인이었습니다. 10-11절에 나오는 아리스다고, 유스도, 마가는 유대인이고, 12-14절에 나오는 에바브라, 누가, 데마는 이방인이었습니다. 이들은 서로 다른 수준의 삶을 살았는데 좀 더 세분화시켜서 살펴보겠습니다.

먼저 아리스다고와 마가와 유스도, 사랑받는 의원 누가, 이 네 사람은 바울과 마지막까지 함께한 자들이었습니다. 감옥에도 같이 가고, 풍랑이 치는 자리에도 함께 있었습니다. 특히 아리스다고는 사도행전 19장의 에베소에 대소요가 일어나서 거의 죽음 직전에 이를 때까지 바울과 동역했고, 사도행전 27장의 로마행 항해 도중 유라굴로라는 풍랑을 만나 난파되는 자리에도 함께 있었습니다.

바나바의 조카인 마가는 부잣집 도련님이라서 1차 전도 여행 때 선교 여행이 관광 여행인 줄 알고 따라갔다가 중간에 포기했던 사람입니다. 그러나 나중에는 바울이 자신의 일에 유익하다며 데려오라딤후 4:11고 할 정도로 변화되어 바울과 끝까지 함께했습니다.

특별히 누가는 더했습니다. 디모데후서 4장 11절을 보면 동역자들이 바울 곁을 떠났을 때도 끝까지 그와 함께한 것을 알 수 있습니다. 누가는 현명한 의사로서, 신중한 역사가로서, 바울과 함께한 영적 동지로서 끝까지 바울을 도왔습니다. 그는 또 바울의 주치의 역할을 담당했습니다.

그런데 바울에게 신유의 은사가 있었습니까, 없었습니까? 바울

은 심지어 수건만 갖다 대도 낫는 사람이 있을 정도로 신유의 은
사가 있던 사람인데 주치의를 데리고 다녔다는 것이 재미있지 않
습니까? 바울은 신유의 은사도 믿었지만 일반 은총도 믿은 것입니
다. 균형 잡힌 감각을 가지고 있었다는 얘기지요. 우리도 하나님의
기적을 믿지만 또 의사들을 통해 고쳐 주시는 것도 믿어야 합니
다. 한쪽으로 치우치지 않고 균형을 잡는 것이 중요합니다.

마지막까지 함께하는 사람, 이게 바로 동지입니다. 우리는 직분
을 떠나 동지 의식을 갖고 주님을 섬겨야 합니다. 깡패들도 두목
의 말이라면 목숨까지 바치는데 우리는 몸의 지체로서 머리이신
주님께서 말씀하시는데 마지막까지 함께하는 동역자가 되어야 하
지 않겠습니까? 주님 앞에 서는 그날까지 변함없이 주의 몸 된 교
회에서 예수님과 소통하면서 끝까지 함께 달려갈 수 있는 은혜가
우리 모두에게 있었으면 좋겠습니다.

기도의 사람, 에바브라

"그리스도 예수의 종인 너희에게서 온 에바브라가 너희에게 문
안하느니라 그가 항상 너희를 위하여 애써 기도하여 너희로 하나
님의 모든 뜻 가운데서 완전하고 확신 있게 서기를 구하나니 그
가 너희와 라오디게아에 있는 자들과 히에라볼리에 있는 자들을
위하여 많이 수고하는 것을 내가 증언하노라"_골 4:12-13

에바브라는 기도의 사람이었습니다. 우리가 영적 동지 의식을 가지고 함께 달리려면 특별한 기도의 은혜를 받아야 합니다. 에바브라는 골로새서 4장 2절에서 바울이 말한 것을 그대로 실천한 사람이었습니다.

에바브라는 '항상' 기도했습니다. 그는 어떤 특별한 기도요청을 받을 때만 기도한 것이 아닙니다. 기도하고 싶을 때만 기도하지 않았습니다. 삶이 위기에 봉착했을 때, 큰일 났을 때만 기도하지 않았습니다. 에바브라는 항상 기도했습니다.

골로새서 1장 7-8절에 기록되었듯이 에바브라는 골로새 교회의 창립자 아닙니까? 그는 항상 기도했습니다. 그뿐 아니라 12절을 보면 "항상 너희를 위하여 애써 기도"했다고 했습니다. '애써'라는 단어는 당시에 운동선수들이 온 힘을 다해 힘쓰는 것을 묘사할 때 사용하던 말인데 바울은 그 단어를 그대로 사용했습니다. 기도에 전력투구했다는 말입니다.

만약에 한국 교회가 이 시대를 위해 축구선수들처럼 애써 집중력을 가지고 한 골을 넣겠다는 마음으로 기도하면 세계 역사를 바꿀 수 있을 것입니다. 저는 지금도 애통하게 생각합니다. 2002년 월드컵 때 '짝짝짝 짝짝, 대한민국' 하지 않고 '짝짝짝 짝짝, 주께 기도' 했으면 얼마나 좋았을까요. 붉은 악마가 뭡니까. 수호천사라고 했으면 얼마나 좋았겠습니까. '그렇다면 세계 역사가 바뀌었을 텐데' 하는 아쉬움이 늘 남아 있어요. 물론 그 가운데에도 기도하는 선수들을 주셨으니 감사한 일이지만요.

에바브라는 또 어떻게 기도했습니까? 12절을 보면 '너희를 위하여' 기도했다고 했습니다. 그의 기도는 모호하거나 광범위하지 않고 구체적이었습니다. 구름 잡는 것이 아니라 라오디게아와 히에라볼리, 그리고 골로새에 있는 교회를 위해 구체적으로 기도했습니다. 이 세 지역은 삼각형을 이루며 인접해 있다고 이미 말씀드렸습니다. 에바브라는 쉽게 말하면 국내 선교사처럼 파송되어 사역을 했고, 그들을 위해 구체적으로 기도한 것입니다.

더 중요한 것은 "하나님의 모든 뜻 가운데서 완전하고 확신 있게 서기를" 구했습니다. 얼마나 목표가 분명합니까? 우리 모두가 이런 기도의 사람이 되었으면 좋겠습니다. 완전하고 확신 있게 서기를 기도해야 합니다. '모든'이란 단어가 골로새서에는 30번 이상 나옵니다. 하나님의 모든 뜻 가운데서 완전하고 확신 있게 서면 얼마나 좋겠습니까. 이것이 에바브라의 간절한 기도였습니다.

13절 후반부를 보면 바울이 에바브라가 "많이 수고하는 것을 내가 증언"한다고 했습니다. 수고하되 특별히 많이 수고했다고 했습니다. 바울이 그의 동역자들을 칭찬도 하고, 격려도 하고, 그 수고에 대해서 평가도 많이 하지만 기도에 관해서 이렇게까지 칭찬하는 사람은 에바브라가 유일합니다.

에바브라는 어떤 때는 감옥에 갇히고 몸이 부자유스러울 때도 있었습니다. 몸은 부자유스러웠지만 그의 마음은 항상 은혜의 궁전 앞에 올라가서 그곳에서 자유롭게 그 시대를 위해, 골로새 교회를 위해, 라오디게아 교회를 위해, 히에라볼리의 형제들을 위해 구체적으로 기도했습니다. 하나님의 뜻에 온전하게 서기를, 확신 있게 서기를 간절히 기도했습니다.

오늘 이런 은혜를 우리가 받아야 됩니다. 한국 교회가, 우리 자신이 이 시대와 민족을 위해 기도해야 합니다. 나라와 민족을 위한 기도의 함대를 띄울 때에, 우리가 영적 동지 의식을 가지고 매어 달릴 때에 하나님은 은혜를 베풀어 주십니다.

세상을 사랑한 사람, 데마

첫 번째 부류는 끝까지 함께하는 자들이었습니다. 두 번째 부류는 기도의 열심과 기도의 은혜를 받은 자였습니다. 그리고 지금 다루고자 하는 마지막 세 번째 부류는 스쳐 지나간 부류였습니다.

데마는 성경에 딱 세 번 등장합니다. 지금 살펴보고 있는 골로새서 4장 14절과 빌레몬서 24절, 그리고 디모데후서 4장 10절이 그것입니다. 빌레몬서 24절에서 그는 심지어 감옥에까지 같이 가고 바울에게 칭찬받는 동역자였지만 골로새서에는 별다른 언급 없이 너희에게 문안한다고만 기록되어 있습니다. 그저 스쳐 지나간 사람인 셈이지요. 디모데후서를 보면 결국 그는 세상으로 돌아간 것을 알 수 있습니다.

"데마는 이 세상을 사랑하여 데살로니가로 갔고"

여기서 말하는 세상은 육신의 정욕과 안목의 정욕과 이생의 사랑으로 꽉 찬 곳입니다. 바울은 이미 데마의 마음속에 중간 탈락의 징후가 있음을 눈치 챘습니다. 그로 인해 바울은 상처를 받았습니다. 뿐만 아니라 하나님의 나라도 손해를 많이 봤습니다. 왜냐하면 하나님의 나라는 일꾼이 한 번도 풍성한 적이 없고 늘 모자랐기 때문에 일꾼 하나가 중간에 탈락되는 것이 얼마나 큰 손해인지 모릅니다. 그러나 가장 큰 상처를 받은 것은 데마 자신이었습니다. 오늘 우리 가운데는 영적 동지는 있을지언정 하나님 앞에서 데마와 같이 스쳐 지나가거나 중간에 탈락하는 자가 아무도 없기를 바랍니다.

어떻습니까? 예수님과 소통하고, 바울과 동역하며, 예수님을 세상에 전파한 사람들의 면면이 어떠한지요. 기도하고, 섬기고, 교회를 세우고, 가르치고, 감옥에 갇히고, 매 맞고, 수많은 역경을 겪으면서도 하나님의 모든 뜻 가운데서 완전하고 확신 있게 선 모습들을 보십시오. 그들은 산으로, 광야로, 기도원으로 들어가지 않습니다. 어떤 어려움 속에서도 세상을 피해 도망가지 않았고 사역을 멈추지 않았습니다. 복음은 그들을 통해 세상으로 흘러들어갔습니다. 지금 세계 곳곳에서 예배와 찬양과 기도가 드려지고 있는 것은 누구 때문인가요? 그들이 소통의 통로로 쓰임 받은 것처럼 우리도 아름다운 복음의 통로가 되기를 바랍니다.

20
나의 매인 것을 생각하라

그의 죽음은 죽음이 아니라 순교였습니다.

횃불트리니티신학대학원대학교에서 누군가 바티 장관을 나에게 소개했을 때 처음에는 반신반의했습니다. 너무나 과장된 이야기 같았기 때문입니다. 박사학위 수여 전 초청만찬이 있었는데 바티 장관은 혼자 오셨습니다. 결혼하지 않았기 때문입니다.

그곳에서 들은 바티 장관의 간증은 처음부터 끝까지 충격이었습니다. 과거에도 지금도 테러와 살해 위협을 계속 받고 있다고 했습니다. 결혼하지 않는 이유도 언제 죽을지 모르기 때문이라 했습니다. 장관이 되어서도 서슴지 않고 모든 사람, 장관들과 총리, 대통령 앞에서 복음을 말한다고 했습니다. 이것이 그에게는 외로운 길이요, 힘든 길이라고 말했습니다. 명예박사를 받는 날에도 자기의 조국과 버림받은 자들과 학대받는 자들을 위해 기도해 달라고 부탁했습니다.

　행사가 끝날 무렵 바티 장관은 나를 껴안고 양볼에 키스하면서 "당신은 나에게 진정한 친구가 되었습니다"라는 한마디를 남긴 채 서울을 떠났습니다. 그는 예수님처럼 자신이 죽을 줄 알고 십자가를 붙들고 행진한 사람입니다. 하나님은 이런 사람들을 세계 곳곳에 숨겨 두셨습니다. 바티 장관의 순교는 파키스탄을 변화시키는 촛불이요, 숨결이 될 것입니다.

　기독교인으로서 파키스탄 역사상 최초의 장관이 되었던 샤바즈 바티를 기리며 2011년 3월에 온누리교회 하용조 목사님이 쓴 글입니다. 바티 장관은 지난해 3월 2일 아침에 테러범들에 의해 암살당했습니다.

　"저는 낙심과 환멸, 그리고 절망 가운데 살고 있는 사람들에게 소망의 메시지를 전달하고 싶습니다. 예수님은 제 인생의 핵심입니다. 저는 억압받으며 희생당하고 고난 받고 있는 파키스탄 사람들에게 하나님의 사랑을 실제적 행동을 통해 나눔으로써 예수님의 참된 제자가 되고 싶습니다."

　그가 장관직을 수락하면서 영국의 공영방송국 BBC와 가진 인터뷰에서 했던 말입니다.

내 몫의 십자가를 지는 것

"나 바울은 친필로 문안하노니 내가 매인 것을 생각하라 은혜가 너희에게 있을지어다"_골 4:18

바울은 지금 편안한 가운데 안락한 의자에 앉아 컴퓨터로 이 글을 쓴 것이 아닙니다. 감옥에서 눈도 침침해 잘 보이지 않는 가운데 겨우 친필로 사인해 보낸 것입니다. 이것이 세계 역사를 움직인 중요한 문서가 될 줄을 누가 알았겠어요. 그런데 바울이 특별히 권면하는 것은 '나의 매인 것을 생각하라'는 것입니다.

이것을 깊이 묵상해 보았습니다. 왜 골로새서의 마지막에 '나의 매인 것을 생각하라'는 말씀을 주시고, 거기에 '은혜가 너희에게 있을지어다'라고 했을까요?

바울의 매인 것이 무엇입니까? 우선은 감옥에 갇힌 것이겠죠. 조금 더 확장해 보면 무엇입니까? 예수 믿어 핍박받는 것입니다. 돌에 맞고, 굶고, 고통당하는 것 말입니다. 주님을 섬기는 것 때문에 당하는 여러 가지 상처와 어려움과 짐들이 다 포함된다고 할 수 있습니다. 조금 더 깊이 들어가 볼까요? 바울이 매인 것은 그가 주님 때문에 져야 할 십자가가 아니겠습니까? 우리가 흔히 얘기하는 내 몫의 십자가 말입니다.

여기서 우리는 잠시 생각해 봐야 합니다. 내가 져야 할 십자가는 없는가? 물론 있다고 할 것입니다. 그런데 현실은 어떻습니까? 예수 믿는 것 때문에 바울처럼 뺨 맞아 본 적이 있습니까? 예수 믿는 것 때문에 저주받아 본 적 있어요? 예수 믿는 것 때문에 굶어본 적 있습니까? 예수 믿는 것 때문에 상처받아 본 적 있습니까? 예수 믿는 것 때문에 남들에게 조롱받아 본 적 있습니까? 예수 믿는 것 때문에 손해 본 적 있어요?

우리는 오히려 예수 믿는 것 때문에 행복하고 예수 믿는 것 때문에 든든해지고 기쁘고 감사한 일이 더 많은 것은 아닌지 모르겠습니다. 심지어 범사가 잘되고 영혼이 잘되고 강건한 축복을 받는 일도 얼마나 많습니까?

그런데 오늘 바울이 우리에게 마지막으로 하는 말이 나의 매인 것을 생각하라는 것입니다. 이것은 쉬운 것이 아니에요. 예수님도 오죽하면 누가복음 22장에서 "할 수 있거든 이 잔을 내게서 옮겨 달라"고 하지 않으셨습니까?

지금은 우리가 예수 믿는다고 뺨은 안 맞지만 그래도 억울하고 원통한 일, 말로 다할 수 없는 고통을 겪고 있는 사람들이 있을지도 모르겠습니다. 그것이 어쩌면 당신에게 매인 것일지 모릅니다. 왜 주님이 그것에 매이게 하십니까? 왜 그런 십자가를 주시는 것일까요?

"또 무리에게 이르시되 아무든지 나를 따라오려거든 자기를 부인하고 날마다 제 십자가를 지고 나를 따를 것이니라 누구든지 제 목숨을 구원하고자 하면 잃을 것이요 누구든지 나를 위하여

제 목숨을 잃으면 구원하리라" _눅 9:23-24

주님이 내 몫으로 주신 십자가를 지지 않겠다고 하면 잃어버릴
것이요, 지겠다고 하면 하나님께서 주신다는 것을 체험하고 깨닫
게 된다는 얘기입니다. 바꾸어 말하면 하나님께서 우리를 매이게
하시고 십자가를 지게 하시는 이유는 이 시대의 유일한 소망이신
예수 그리스도를 닮아가게 하기 위함입니다. 우리에게 고난을 허
락하시는 이유가 그 아들의 형상을 본받게 하기 위함이라는 것입
니다.

그래서 오늘 우리 삶의 열매를 보면 내가 십자가를 달게 지고 가
는지, 매이는 삶을 기쁘게 받아들이는지 여부를 가늠할 수 있습니
다. 만약 우리가 매이는 것들, 십자가를 원통하고 억울하고 답답하
고 괴로운 것으로만 여겨 그것으로 인해 상처 받고 한을 품고 분노
하고 좌절한다면 그것은 매인 것을 생각하는 삶이 아니에요. 십자
가를 진 것이 아닙니다. 그것은 주님을 닮아가는 삶이 아닙니다.

오늘 우리는 바울의 매인 것을 생각해야 합니다. 그는 억울하게
짐 졌고, 억울하게 난파당했고, 억울하게 고통당했고, 원통하기 짝
이 없는 괴로움을 많이 겪었습니다. 그런데 그것 때문에 바울이
오히려 주님의 형상을 더 닮아갈 수 있었습니다. 그것 때문에 예
수 그리스도가 으뜸 되셨다고 고백했습니다. 그것 때문에 예수 안
에 모든 신성이 충만하고 예수 안에 모든 것이 다 있다고 고백할
수 있었습니다.

우리는 오늘 제대로 매인 것을 생각하고 제대로 십자가를 짊으로 말미암아 주님의 형상을 닮아가기를 바랍니다. 주님을 전하는 소통의 도구로서 우리가 짊어져야 할 십자가를 피하지 마십시오. 이것이 바울이 우리에게 마지막으로 요구하는 것입니다. 그리고 그렇게 사는 것이 은혜입니다.

복음의 진보를 위하여

그때 무슨 일이 벌어집니까?

> "형제들아 내가 당한 일이 도리어 복음 전파에 진전이 된 줄을
> 너희가 알기를 원하노라 이러므로 나의 매임이 그리스도 안에서
> 모든 시위대 안과 그 밖의 모든 사람에게 나타났으니"_빌 1:12-13

때로 매이고 억울하고 원통한 일을 당하지만 십자가 지는 일을 통해 주님의 형상을 닮아갈 때 그것이 오히려 우리에게 복음의 진보가 되도록 만들어 주십니다.

스데반이 순교를 당했습니다. 어쩌면 하나님 나라의 역사에 매임을 당하게 된 것입니다. 여러 사람이 핍박을 당했습니다. 십자가를 진 것입니다. 그것은 큰 고통이었습니다. 그러나 그것 때문에 사마리아와 땅 끝까지 복음이 전파되었습니다. 흩어진 유대인들

이 안디옥과 구브로와 온 천지를 다니면서 복음을 전하게 되었습니다.

우리나라의 경우 어떻습니까? 평양은 동방의 예루살렘이라고 불릴 정도로 하나님께서 특별하게 복음화시킨 귀한 지역이었습니다. 선천은 거의 다 예수 믿었고 신의주도 얼마나 많은 사람이 예수를 믿었습니까? 거기에 비하면 당시의 서울이나 부산, 광주, 대구, 대전 등은 형편없었습니다. 그런데 왜 하나님은 남한은 이렇게 살려 놓으시고 북한은 공산화되게 하셨습니까? 어떻게 보면 북한의 평양이나 신의주나 선천이 공산화된 것은 매인 것입니다. 그것 때문에 평양과 선천과 신의주에 있는 그리스도인들이 남쪽으로 내려왔습니다. 내려와서 영락교회도 세우고, 전 세계로 흩어져 로스앤젤레스에도 뉴욕에도 상파울로에도 아르헨티나에도 시드니에도 영락교회를 세운 것입니다. 핍박이 오히려 그리스도인들이 흩어져서 전 세계에 교회를 세우는 계기가 된 것입니다. 하나님께서 이제는 이런 교회들이 평양을 다시 회복할 수 있는 기회를 주시리라고 믿습니다.

눈을 떠야 합니다. 매인 것을 생각하십시오. 그것이 우리에게 억울하고 원통한 일이 되지 않기를 바랍니다. 내가 잘 매였는지 안 매였는지, 내 마음 속에 상처와 한이 있는지를 다시 한 번 살펴보십시오. 그것이 오히려 기쁨이 되고 주님의 형상을 닮아가는 계기가 되기를 원합니다. 이 시대의 유일한 소망 예수 그리스도, 그분을 묵상하면서 "주여, 한결같이 집중력 있게 주님을 향해 달려갈 수 있게 도와주시옵소서. 우리가 우리의 십자가를 지겠습니다. 우리를 소금맛 나는 소통의 통로로 사용해 주십시오. 세상 사람을 살리는 숨통이 되게 해주십시오. 그리하여 우리를 통하여 복음이 흘러가 이 땅에 복음이 가득하게 해주십시오"라고 기도하십시오. 여러분 모두를 축복합니다.

18 세상을 향한 소금맛 나는 소통

하나님 안에 거함으로써 마땅히 해야 할 말을 하는 것이야말로 소통의 본질이요, 소금맛 나는 소통입니다. 은혜를 전하고, 덕을 세우고, 찬양을 하고, 하나님을 선포합니다. 썩어지던 세상에 생명이 흘러가서 썩지 않는, 맛깔 나는 세상이 됩니다.

소금맛 나는 소통이란 무엇일까요? 소금맛 나는 소통을 하기 위해 우리가 결단해야 할 것은 무엇인가요?

19 예수님과 소통한 믿음의 동역자들

바울과 함께 사역했던 동역자를 보십시오. 기도하고, 섬기고, 교회를 세우고, 가르치고, 감옥에 갇히고, 매 맞고, 수많은 역경을 겪으면서도 복음을 전했습니다. 이제는 우리가 그 아름다운 복음의 통로가 되어야 합니다. 하나님의 뜻 가운데 확신 있게 서길 바랍니다.

우리는 복음을 전하면서 어떤 어려움을 겪었습니까? 이 땅에 복음을 전파한 그리스도의 제자를 보면서 무엇을 배웁니까?

20 나의 매인 것을 생각하라

바울은 마지막으로 '나의 매인 것을 생각하라'고 합니다. 그것은 돌에 맞고, 매 맞고, 굶고, 감옥에 갇히고, 상처 받고, 고통당하며 주님을 전하는 소통의 도구로서 우리가 짊어져야 할 십자가였습니다. 바울처럼 그 십자가를 짊으로 우리가 기쁘고, 주님을 닮은 복음의 통로가 되기를 진심으로 바랍니다.

지금 내게 매여 있는 것은 무엇입니까? 그 매인 것으로 인해 우리는 어떻게 변화될까요?

국제제자훈련원은 건강한 교회를 꿈꾸는 목회의 동반자로서 제자 삼는 사역을 중심으로
성경적 목회 모델을 제시함으로 세계 교회를 섬기는 전문 사역 기관입니다.

세상을 향한 그리스도인의 *소금맛 나는 소통*

초판 1쇄 인쇄 2012년 4월 30일
초판 8쇄 발행 2012년 6월 15일

지은이 오정현
펴낸이 오정현
펴낸곳 도서출판 국제제자훈련원

등록번호 제22-1240호(1997년 12월 5일)
주소 서울시 서초구 서초 1동 1443-26
전화 02-3489-4300 **팩스** 02-3489-4309
E-mail dmipress@sarang.org

Copyright © 오정현, 2012, *Printed in Korea.*
ISBN 978-89-5731-549-1 03230